U0960271

教育管理概论

赵 洁 著

天津大学出版社
TIANJIN UNIVERSITY PRESS

图书在版编目（C I P）数据

教育管理概论 / 赵洁著. -- 天津 : 天津大学出版
社, 2023.7
ISBN 978-7-5618-7525-4

Ⅰ. ①教… Ⅱ. ①赵… Ⅲ. ①教育管理 Ⅳ.
①G40-058

中国国家版本馆CIP数据核字(2023)第114713号

出版发行　天津大学出版社
地　　址　天津市卫津路92号天津大学内（邮编:300072）
电　　话　发行部:022-27403647
网　　址　www.tjupress.com.cn
印　　刷　北京虎彩文化传播有限公司
经　　销　全国各地新华书店
开　　本　710mm×1010mm　1/16
印　　张　9.5
字　　数　202千
版　　次　2023年7月第1版
印　　次　2023年7月第1次
定　　价　40.00元

序

春秋时期的管仲在《管子·权修》中有言："一年之计，莫如树谷；十年之计，莫如树木；终身之计，莫如树人。"明代学者朱之瑜曾说："敬教劝学，建国之大本；兴贤育才，为政之先务。"习近平总书记指示："教育是人类传承文明和知识、培养年轻一代、创造美好生活的根本途径。"① 教育是每一个人的生活准备，是走向未来的基础，从某种意义上来说，教育决定着国家和民族的未来。一个国家只有重视教育，培养出高素质的复合型人才，才能实现国家的可持续发展。

要使教育活动达到预期的目标，收到良好的效果，就要对其进行科学的管理，合理、有效的教育管理是发展教育的关键所在。我国自古就有专门的机构管理教育。中华人民共和国成立以后，我国政府非常重视教育管理在学校工作中的作用，故此诞生了研究教育管理过程及其规律的社会学科——教育管理学，其既是教育科学的重要组成部分，又是管理学的一个分支，将教育与管理两个学科结合起来，研究如何按照教育的客观规律来管理教育。可以说，教育管理学已经成为当今教育界非常重要的学科。

赵洁同志从事教学管理工作近二十年，担任过教师、辅导员、教务员、办公室主任、副院长等多个职务，在每一个职务任职期间，她都兢兢业业、一丝不苟，积累了非常丰富的教学经验和管理实践经验。同时，该同志攻读澳大利亚弗林德斯大学硕士和菲律宾永恒大学博士期间，刻苦努力、积极研究，取得了丰硕的教育管理学术成果。她在其硕士笔记、博士论文和在汲取前人成果的基础之上撰成此书。

该书用简洁明晰、通俗易懂的语言进行论述；用管理的理论分析教育的问题；用大量实例和清晰图表解析深奥的理论；引用许多名人名言和名家名著，精辟阐述和分析教育管理的诸多问题；从理论介绍入手，联系实际，概述了学校、教师、学生、教学、科研等多方面的管理问题，可以说涉及教育管理的方方面面；此外，书中还以时间为线索，从古到今，简述教育管理发展简史。赵洁同志多方参考，缀而成篇，名之《教育管理概论》，该书有着论述充分、中心明确、条理明了、解析清楚、例证充盈、语言简洁等特点。

承蒙作者厚意，不嫌鄙陋，嘱缀短意于篇首，故大胆一抒，乐为叙其崖略，以当简介。

董小伟

2023 年春于成都锦江区

① 《习近平谈治国理政》第一卷. 外文出版社国，2018，191 页。

序

目　　录

第一章　教育管理理论概述

"百年大计,教育为本",一个国家和民族的发展,终究需要靠人来推动,而教育是培养人的事业。教育要达到培养的目的,就需要合理、有效的管理,于是就产生了教育管理。而教育管理对教育系统的有效管理,是管理者组织协调教育队伍,充分发挥教育人力、财力、物力等相互作用,利用教育各部门之间的有效、有利条件,高效实现教育管理目标的过程。可以说,教育管理的水平高低直接决定了教育的成败。

第一节　管理与管理学

教育管理是随着教育不断发展而逐渐获得重视的一种与教育相关的管理活动,它是管理的一个特殊领域。

一、管理的概念

管理是一种人类社会古老、普遍的现象。管理是伴随着人类社会的产生而产生的活动。在远古社会,人类过着群体性的生活,人类的祖先依靠一个人的力量无法实现某种目标,就在人群中选出代表人物或者是领袖人物,负责组织、协调、管理大家,这就有了管理。例如,在我国古代典籍《周礼》中,就专门有关于行政管理制度和责任制度的记载和叙述。《孟子》和《孙子兵法》中也含有治理、用兵、计划、组织、指挥、用人等方面丰富的管理思想和管理策略。马克思在《资本论》中提到:"一切规模较大的直接社会劳动或共同劳动,都或多或少地需要指挥,以协调个人的活动,并执行生产总体的运动——不同于这个总体的独立器官的运动——所产生的各种一般职能。一个单独的提琴手是自己指挥自己,一个乐队就需要一个乐队指挥"[①],由此可见,管理是人类社会生活中所特有的现象,也是人类社会得以生存和发展的重要条件之一,所以人类社会的发展时刻都需要管理,都离不开管理。

管理是什么,许多专家、学者从不同角度出发,有着不同的见解。美国管理学教授丹尼尔·A. 雷恩认为管理是这样的一种活动,即它发挥某些职能,以便有效地获取、分配和利用人的努力和物质资源,来实现某个目标[②];美国管理学家哈罗德·孔茨

① 中共中央马克思恩格斯列宁斯大林著作编译局. 马克思恩格斯全集(第22卷)[M]. 北京:人民文学出版社,2006.

② 丹尼尔·A. 雷恩. 管理思想的演变[M]. 北京:中国社会科学出版社,2002.

等人认为管理是为在集体中工作的人员谋划和保持一个能使他们完成预定目标和任务的工作环境①;也有学者认为管理就是管人,就是通过别人的劳动去实现自己为组织设定的目标;还有学者强调管理就是决策,就是围绕着决策的制定和组织实施而开展的一系列活动;有学者指出管理就是实行计划、组织、指挥、协调和控制的过程。

综合上述观点,一般认为管理就是在组织中的管理人员,对各种资源进行适当的领导、组织、协调、安排、控制、激励,从而有效完成预定目标和任务的一种重要的社会实践活动。可以看出,管理有以下几个重要的要素:一是组织,管理是在集体中进行的,单枪匹马的个人行为无所谓管理;二是目标,管理是为了实现某个既定目标的活动,盲目、无根据的行为无所谓管理;三是资源,管理是以分配、协调、安排、控制、激励各种资源为中介的活动,而各种资源就包括人力资源、财产资源、物力资源等,没有资源,管理就无法进行下去;四是效率,好的管理者就是追求一种以最少的付出,获得最大的效益,也只有不断追求效益,管理才有更加明确的方向;五是实践,管理是一种理性的、有效的社会实践活动,其需要管理者在特定的环境下做出正确的决策。

二、管理的职能和特征

作为重要的社会实践活动或现象,管理主要具有以下两个重要职能。

一是自然属性,即组织和开发生产力的职能,它可以将分散的、没有合力的生产力的诸多因素进行有效、合理的整合,对生产运行过程进行有效控制,从而达到高效生产的目的。

二是社会属性,即协调和控制生产关系和社会关系的职能。马克思说:"资本家的管理不仅是一种由社会劳动过程的性质产生并属于社会劳动过程的特殊职能,它同时也是剥削社会劳动过程的职能,因而也是由剥削者和他们所剥削的对象之间不可避免的对抗决定的。"②

人类的管理活动有着自身的、鲜明的特征和内涵。

第一,管理会受到许多社会条件的制约和影响。虽然生产力的发展要求生产过程中要井然有序的管理,从而获得最大的效益,但反过来,管理在一定的生产关系的状态中进行,必然会受到生产关系和社会关系的制约和影响。

第二,管理的对象不是单一的,而是多方位的,管理涉及人、财、物、信息、时间、空间等诸多对象。

第三,管理是一个包括多阶段、多项工作的综合过程。管理是一个包括决策、组织、领导、控制以及创新等一系列工作的综合过程,不是一种短暂的、及时性的动作。管理活动模型如图 1-1 所示。

---

① 哈罗德·孔茨,西里尔·奥唐奈,海因茨·韦里克. 管理学[M]. 北京:中国社会科学出版社,1995.

② 中共中央马克思恩格斯列宁斯大林著作编译局. 马克思恩格斯全集 第 23 卷[M]. 北京:人民出版社,2006.

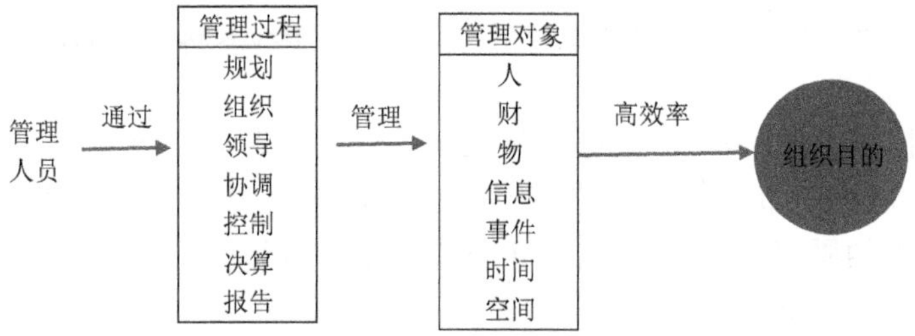

图 1-1　管理活动模型

第四，管理的关键在于决策。所谓决策就是管理者或决策人为了实现预定的目标，在客观条件的约束下，在两个或两个以上的可行性方案中，经过论证、判断、思考做出的满意的、可行的行为。美国著名经济学家、诺贝尔经济学奖获得者西蒙教授就明确提出“管理就是决策”的论断。

第五，管理是管理者和被管理者相互影响的行为。管理是由管理者和被管理者组成的，管理者利用自己的权力、地位、信誉对被管理者的思想和行为施加影响，以便被管理者按照管理者的意图行动。而被管理者在接受管理者影响时，也通过自己的言行、感受去影响管理者的决策。

第六，管理是一种文化。管理的差异，不仅仅是物质条件上的差异，更重要的是文化间的差异。美国管理学大师鲁克曾说：“管理不只是一门学问，还是一种‘文化’，它有自己的价值观、信仰、工具和语言。”

第七，管理有着鲜明的时代特征。19 世纪以前的管理主要是以个人经验和判断为主，20 世纪中后期，管理逐渐向科学化、标准化发展，科学管理取代了专制管理。21 世纪信息化时代到来，管理逐渐呈现出信息化时代的诸多特色。

三、管理的内容

管理包括决策、组织、领导、控制、创新等一系列的工作内容。

（1）决策。决策是管理的首要职能。作为一个管理者，首先要研究组织活动的背景，要判断组织外部环境特征及其变化趋势，还要分析组织内部在客观上拥有的资源状况以及在主观上利用资源的能力，要了解存在的机会、威胁、优势和劣势，使得组织决策有一个可靠的依据。

（2）组织。为了保证决策的有效实行，管理者要根据目标涉及的组织，包括组织职务设计、机构设计、结构设计、人员配备、资源整合等内容，并且要根据活动及其环境特点的变化，及时调整和变革组织结构。

（3）领导。管理者应该将每一个成员合理安排在其最适合的岗位上，还要想方设法使每一个成员以高昂的士气和饱满的热情投身到组织活动中，发挥自己最大的优势,这就是领导工作。优秀的领导会采用适当的方法,采取合适的措施去提高成员的工作积极性。

(4)控制。控制是为了保证组织系统按照预定的目标运作而进行的一系列工作,包括检查、监督。如果发现工作与预先设定的目标不相符,或存在较大偏差,就要分析、找到偏差的原因,制定并实施纠正偏差的措施,以确保决策活动的顺利进行和目标的有效、顺利实现。

(5)创新。组织活动过程存在着诸多变化,即便是环境和资源不变,管理者对资源和环境的认识也可能发生改变,就需要组织内部活动技术与方法不断变革,组织活动与人员安排不断优化,甚至组织活动的方向、内容和形式的选择也要不断调整,这些就需要管理创新来实现。

综上所述,为了某项活动能有效达到目标,提高组织可支配资源的利用效率,管理者首先要为组织利用资源的活动选择正确的方向(决策);然后根据目标活动的要求设计合理的职位、招聘人员(组织);接着要把招募到的人员安排到合适的、能发挥他们优势的岗位上去,尽力保证他们的积极性(领导);成员的行为不一定都符合目标要求,所以要设立监督岗及时进行检查和纠正(控制);随着内外部环境的变化、人员变化、组织结构变化,要不断变革、调整和优化(创新)。

四、管理的基本原理

在管理的活动过程中,管理者必须依循一系列管理基本原理,利用理性分析和直觉判断等方法,借助权力和组织文化等基本工具去有效实现目标。

(一)人本原则

组织活动是由人来进行的,组织活动的管理当然就是对人的管理,可以说人是组织的中心,也是管理的中心,人本原理当然是管理的首要原理。人本原理就是以人为中心的原理,也就是说管理的根本目的是为人服务的,要求根据人的特征对组织、对人进行管理,重视管理的人性化;通过管理工作,充分实现组织成员的社会价值,促进组织成员的个人发展;管理者组织民主决策,根据每个成员不同的特点来安排适当的工作;使用合适的手段激发成员的工作积极性,并保持这种积极性等。

(二)系统原则

系统是由若干相互依存、相互作用的要素或子系统组合而成的具有特定功能的有机整体。系统原则就是要运用系统论的基本思想和方法指导管理实践活动,解决和处理管理中的实际问题。从管理角度研究的系统是人造的、开放的、动态的系统。根据系统论观点,管理者要考虑解决对直接相关人员和事件的影响,还要顾及对系统其他相关因素的影响;不仅要考虑到目前的影响,还要考虑未来可能产生的影响;各管理层次职责清楚、任务明确,并在实践中各司其职,各行其权,各负其责,以便正确发挥各自作用,实现目标;要注意研究和分析环境变化,及时调整内部活动的内容、形式和方法。

(三)效益原则

效益是追求目标实现与实现目标所付出代价的一种比例关系,追求效益就是要尽量以较少的资源消耗去实现既定目标。追求效益是人类一切活动均应遵循的基本规则,这就要求管理者使用正确的方法,使资源得以合理配置,能被充分利用。如果方法不当,就会造成资源浪费,所以要用正确的方法做正确的事,这是实现效益的有效保证,管理者要注意提高做正确的事的能力和用正确的方法做事的能力。

(四)适度原则

管理中存在许多相互矛盾的选择,这就要求管理活动范围既不能过宽,也不能过窄;管理幅度既不能过大,也不能过小;权力既不能太集中,也不能太分散,必须在两端之间找到最恰当的点,进行适度管理,实现适度组合。

五、管理学

要想更加深入地理解管理,就不得不了解管理学。顾名思义,管理学就是研究管理的一种学问,有着自身的特点。

(一)管理学的概念

管理学是系统研究管理的规律、探讨管理方法、构建管理模式、取得最大管理效益的一门综合性学科。

管理学所涉甚广,不仅横跨自然科学、社会科学和工程技术等多个领域,还涉及生产力、生产关系以及经济基础、上层建筑的各个方面,是社会化、现代化和各门学科共同发展的产物。管理学主要研究内容包括以下三个方面。

第一,从生产力方面,研究如何合理配置组织中的人、财、物,使各要素充分发挥作用;研究如何根据目标和社会需求,合理使用各种资源,以求最佳的效益。

第二,从生产关系方面,研究如何正确处理组织中人与人之间的相互关系问题;研究如何建立和完善组织机构以及各种管理体制等问题;研究如何激励组织成员,从而最大限度调动各方面积极性和创造性,为实现目标而服务。

第三,从上层建筑方面,研究如何使组织内部环境与其外部环境相适应的问题,研究如何使组织的规章制度与社会的政治、经济、法律、道德等上层建筑要求相一致的问题,从而维持正常的生产关系,促进生产力发展。

(二)管理学的特点

管理学有以下显著特点。

一是综合性。从管理内容看,管理学涉及的领域很广,需要从不同类型的管理实践中抽象概括出具有普遍意义的管理思想、管理原理和管理方法,除了生产力、生产关系、上层建筑这些基本因素外，还有自然因素、社会因素等。从管理学科与其他学科的相关性看，管理学与经济学、心理学、数学、计算机科学等都有密切关系，是一门综合性很强的学科。

二是实践性。管理学所提供的理论与方法都是实践经验的总结和提炼，同时管理理论与方法必须为实践服务，才能显示出管理理论与方法强大的生命力。

三是社会性。管理是人类的社会活动，管理者和被管理者都是社会上有生命力的人，这就决定了管理学的社会性。

四是历史性。管理学是对前人管理实践、管理思想和管理理论的总结、扬弃和发展。如果割断历史，不了解前人的管理经验和管理历史，就难以真正理解、把握和运用管理学。

（三）管理学的派别

管理学诞生至今，根据管理研究的方法和内容不同，大致可分为以下几个派别。

一是管理过程学派，代表人物有法约尔、哈罗德·孔、詹姆斯·穆尼等，该派主要致力研究和说明“管理人员做些什么和如何做好这些工作”，侧重说明管理工作实务。

二是行为科学学派，代表人物有乔治·G. 埃尔、顿·梅奥、亚伯拉罕·马等，该派从心理学、社会学角度侧重研究个体需求和行为，团体行为、组织行为和激励、领导方式，认为人不仅仅是“经济人”，同时还是“社会人”，将人的管理提升到所有管理对象中最重要的地位。

三是经验主意学派，代表人物有彼得·德鲁克、欧内斯特·戴尔等，该派研究实际管理工作者的管理经验教训和企业管理的实际经验，强调用比较的方法来研究管理经验。

四是社会系统学派，代表人物有切斯特·巴纳德等，该派从系统理论出发，运用社会学观点，对正式组织与非正式组织、团体及个人做出了全面分析。

五是系统管理学派，代表人物有卡斯特、詹姆斯· E. 罗森茨韦克，该派认为决策贯穿管理全过程，是管理的核心。

六是权变理论学派，代表人物有伍德·沃德等，该派强调在管理中要根据组织所处的内部、外部条件随机应变，针对不同条件寻求不同的、最合适的管理方法。

七是经济角色学派，代表人物有亨利·明茨伯格等，该派对经理工作的特点、所担任的角色、工作目标及经理职务类型的划分、影响经理工作的因素等重点问题进行研究。

管理学学科分支主要有管理思想史、管理理论、管理心理学、管理经济学、企业管理、行政管理、人力资源开发与管理等，而教育管理学就是教育科学的组成部分，也是管理科学的一个重要的分支学派。

（四）管理学研究的主要方法

根据管理学的特征，研究管理学的主要方法有以下三点。

一是归纳法。在复杂的管理活动中，归纳法是一种"不求全""但求概"的研究方法，是一种理想化的研究方法。它通过客观存在的一系列典型事物、经验进行观察，从掌握典型事物的典型特点、典型规律入手，进而分析研究事物之间的因果关系，从中找到事物变化发展的一般规律。

二是实验法。就是人为地为某一实验创造一定条件，观察其实验结果，再与未给予这些条件的对比实验结果进行对比、分析，寻找外加条件与实验结果之间的因果关系，如果多次实验结果相同，就可以得出结论，即存在某种普遍适用的规律性。

三是演绎法。对于复杂的管理学问题，管理学家往往选择从某个概念出发，或从某种统计规律出发，更或在实验研究基础上，用归纳法找到一般规律，加以简化，形成某种出发点之后，再建立能反映某种逻辑关系的经济模型，通过这种经济模型进行研究，从而得出相应的研究方法。

第二节　教育管理与教育管理学

教育管理是一种以教育教学为中心的特殊管理活动。而教育管理学就是专门研究这种特殊活动规律和方法的学科。在正确的教育管理理论和研究的指导下，教育管理实践会变得更系统、理性、有效。

一、教育管理的概念

教育管理是管理的一个特殊的领域和分支，随着教育的不断发展而日益受到重视。

教育管理是教育管理者在既定的教育制度下，根据国家的教育法规，合理配置教育资源，对教育系统进行统计、组织、协调、控制，从而达成教学目标的一系列为教育教学服务的管理活动。当代教育家陈孝彬先生说："教育管理是在一个国家或地区的政治、经济与文化环境的制约下，在教育管理部门领导者的价值观支配下，采用科学的方法，对所管辖的各级各类教育组织进行预测与规划、组织与指导、监督与协调、激励与控制，使有限的教育资源得到开发和合理配置，以实现提高教育质量、增进办学效益、稳定教育秩序、改善办学条件、促进教育事业发展的目的。"[①]

教育管理的内涵主要有以下几点。

第一，教育管理是一个具有思想性与服务性的管理活动。不同于教育教学活动，它是为教育教学服务的。教育管理必须首先体现管理者的思想观念的价值引导作

① 陈孝彬. 教育管理学[M]. 北京：北京师范大学出版社，1999.

用，正所谓“领导学校，首先是教育思想的领导，其次才是行政上的领导”①。同时，教育工作本身是一种服务性质的工作，管理者必须把自己身心放在教育管理的公共使命中，不能只关注自身利益。

第二，教育管理必须是在国家相关教育法规和政策影响下开展的行为。国家制定的各项方针、政策、法规，是开展教育管理工作必须遵守的指导思想和依据，任何违反或背离教育政策、法规的教育管理行为都是不允许的，也是必须坚决取缔的。

第三，教育管理是一种职业行为，既需要个人的经验和体验，也需要专业的训练，以便从经验管理走向科学管理。仅有经验是难以完成教育管理的责任与使命的，还需要具备相应的科学理论知识和专业基础。

第四，教育资源的分配与管理需要教育制度充分发挥作用。制度代表和反映其制定者的资源和权力，同时反过来也影响社会资源的分配与权力配置，有了好的教育制度，教育资源就有可能得到有效配置。

第五，教育管理是社会管理的一部分。教育管理组织存在于一定的社会环境中，社会环境中的各种因素都会影响教育管理，同时还需要建立正常的教育工作秩序和合理的规章制度才能办好教育。

二、教育管理的特点

教育管理是管理的一个重要分支，它既有管理所具有的特点，也有自身的特点，其自身特点主要体现在以下几方面。

（一）公共性

教育事业是民族发展的根本大事，关系着每家每户的根本利益，教育管理包含了公开、公平、公正等要求。这就要求教育管理行为的发生与发展必须体现公共意志，需要每一人主动去行使作为一个教育人被赋予的基本权利；同时，教育管理行为的实施与实现要以公共利益的实现为根本价值取向，如果教育管理没有体现公共利益，教育管理行为就可能在实施过程中逐渐失去合法性的基础。

（二）政治性

教育是人类的一种特殊的社会实践活动，这种实践不可能独立于一个国家或一个社会政治之外，所有的教育都应该为政治服务，教育管理也应该与政治意识形态紧密结合，具有明显的政治性特征。英国学者托尼·布什指出：“国家和地方政治极大地影响着学校和学院内部的运行过程。集权制政体决定了教育体系的总体特征，并且必然受到执政党政治观点的支持和影响。”② 所以，教育管理必须体现一个国家政治管理体制的价值内涵，体现国家意志。

① 苏赫姆林斯基. 和青年校长的谈话[M]. 北京：上海教育出版社，1982.

② 托尼·布什. 当代西方教育管理模式[M]. 南京：南京师范大学出版社，1998.

（三）教育性

教育管理具有管理育人的特征，这是教育管理与其他社会管理最主要的区别之一。教育管理就要构建良好的环境为师生服务，教育管理的一切规章、制度、条例、活动都应该具有教育意义，教育管理者同时就是教育者。闫德明先生认为："在学校管理中，无论是用人、处事，还是理财、管物，都应考虑到管理行为可能起到什么样的教育作用，产生什么样的教育影响。"①

（四）质量性

任何一个教育组织都非常重视教育质量，其是教育组织的生命线，也是教育组织存在的价值体现。教育质量是教育管理水平的综合体现，一个教育质量很高的学校，绝不是只靠着几个著名的教师、现代化的教育设备或充足的教育经费，而是教育管理的整体水平的最好体现。好的教育管理应该采用科学的方法，对教育教学工作进行全面设计、实施、考核、评价，鼓励教师科学地教，学生聪明地学。

（五）积极性

要办好的教育，首先需要依靠好的教师。《中国教育改革和发展纲要》中规定："振兴民族的希望在教育，振兴教育的希望在教师。建立一支有良好政治业务素质、结构合理、相对稳定的教师队伍，是教育改革和发展的根本大计，要下决心，采取重大政策和措施，提高教师的社会地位，大力改善教师的工作、学习和生活条件，努力使教师成为最受人尊敬的职业。"教育管理者的主要任务就是全心全意依靠教职工，充分调动各位教育工作者的积极性，把他们的智力、体力、潜力都充分发掘出来，为他们工作和生活创造良好的物质条件，帮助他们解决各种后顾之忧。

（六）实战性

教育管理有一项主要的工作内容，就是在教育、教学过程中，教育管理者要解决教育、教学中的各种矛盾。教育管理始终要强调实践，要以教学为主，要全面提高学生的综合素质，要将课堂教学与课外教学相结合。在这个过程中肯定会遇到或多或少的矛盾，教育管理者就要主动作为，在教育、教学过程中发现问题，及时解决问题，也只有在实践中，不断发现问题、解决问题，教育事业才能更好、更快地发展。

认识这些教育管理的特点，对教育管理活动有很好的帮助作用。

三、教育管理的意义

"教育管理以育人为目的，以提高教育质量为中心任务，是围绕教育过程中的矛盾和问题展开的各种协调活动"②，因而在现当代社会条件下，对教育事业实施有效管理有着重要的现实意义。

---

① 闫德明. 现代学校管理学[M]. 北京：人民教育出版社，2013.

② 陈孝彬. 教育管理学[M]. 北京：北京师范大学出版社，1999.

第一,教育管理可以协调教育发展。教育事业的发展受到政治、经济、文化、地理等诸多条件的影响,由于各地差异较大,教育实施的主客观基础也不一样,这就需要国家从整体利益出发,从实际情况出发,通过合理的、有效的教育管理活动来协调不同地区的教育发展。例如,国家常常用给边区教师发放补助、对欠发达地区教师进行培训等方式来协调教育发展不均的现象。

第二,教育管理可以合理地规划、利用教育资源。教育资源是有限的,为了将更多的钱花在刀刃上,将合理的教育资源花在最需要的地方,这就需要通过教育管理活动来具体实施。通过合理的、有效的教育管理,对教育资源进行合理的规划和利用,往往会达到事半功倍的效果。

第三,教育管理可以服务于教育。黄昆辉先生曾说:"教育行政是服务于教与学的,是支援教与学的,是引导教与学的,没有教师的教学与学生的学习,教育行政就没有存在的必要。"① 因此,教育管理既是教育的领导者,也是教育的服务者,教育管理者如果没有真心实意为教育、教师、学生、社会服务的思想,教育工作是搞不好的。

四、教育管理学

教育管理学就是研究教育管理过程及其规律的学科。广义而言,教育管理学是对整个国家教育系统的管理进行研究;狭义而言,教育管理是对学校组织的管理进行研究。教育管理学是教育科学的重要组成部分,属于管理科学的一个分支;既是一门社会科学,也是一门交叉学科。

(一)教育管理学的产生

教育是伴随着人类的发展而发展的,管理是人类活动的基本需要,而教育管理也伴随着教育发展而来,也就是说教育管理的历史是非常悠久、漫长的,可以说有了人类,也就有了教育管理。但研究教育管理的教育管理学作为一门学科的历史则较短。

19 世纪末,德国著名行政学家、法学家施泰因在他的《行政学》(1868)、《行政》(1884)中论述了他对教育行政的看法,他被日本学者久下荣志郎誉为"现代行政学的创始人"②,但最早提出施泰因教育管理问题看法的学者,对教育管理问题的论述还不成熟。20 世纪初,美国两位教育管理专家——达顿和斯莱登于 1908 年出版了《美国公共教育行政》一书,这是世界上第一本教育管理著作。但在 20 世纪 50 年代以前,教育管理只是停留在研究阶段,还谈不上科学研究。我国学者刘付枕先生在引用外国资料的时候提出:"直到 1951 年,教育管理学才被公认为一门独立的学科。"

在我国,教育管理学作为一门独立学科的历史比较短。

清朝末年,由于清政府备受西方列强的欺压,为了救亡图存,一批又一批能人志

① 黄昆辉. 教育行政学[M]. 上海:华东书局,1988.

② 久下荣志郎. 现代教育行政学[M]. 北京:教育科学出版社,1981.

士开始觉醒，开始创办“新学”，由此，我国开始陆陆续续引进国外教育管理方面的学术著作。较早引进的著作主要有日本田中敬一编写的《学校管理法》(1901)和木村贞长撰写的《教育行政》(1902)等，这给当时陈旧的教育思想输入了新鲜的血液，同时创办的一些师范学堂聘请了外国的教授专门教授“教育管理学”这门学科。1904年初清政府颁布《奏定学堂章程》，规定设置“教育法令”为通习学科。

20世纪30年代，一些学者在吸取外国经验的基础上，开始编著符合当时中国国情的教育管理著作，逐步有了自己的教育管理思想和总结。例如张季信编著的《中国教育行政大纲》(1931)、杜佐周的《教育与学校行政原理》(1931)、夏承枫的《现代教育行政》(1931)等。同时，教育管理类课程在各级师范院校普遍开设。如1925年，全国教育联合会拟定的《学校课程纲要》，将过去的各种教育管理学科合并为“小学校行政”。1938年，在师范学院的课程中，开设关于中小学管理内容的“中等教育”。

中华人民共和国成立后，由于种种原因，我国的教育管理学研究陷入了低谷。但从20世纪70年代末80年代初起，伴随着改革开放，教育管理学重新进入高速发展时期。教育管理学作为一门学科，重新在师范学院单独开设，学者们以饱满的热情翻译和撰写了一大批关于教育管理方面的学术著作。

(二)教育管理学的性质

教育管理学是一门交叉学科，有着独特的性质，主要表现在以下几方面。

1)社科性

教育是一种社会现象，其存在于一定的社会环境之中，社会环境中的各种因素对教育的存在与发展有着激励或制约的双重作用，教育管理学就是要研究在什么社会条件下，采用什么方法能够激活教育中的激励因素，改变制约因素的一门学科。同时，管理学就是系统研究管理的规律、探讨管理方法、构建管理模式、取得最大管理效益的一门学科，从学科大类划分也属于社会科学，那么教育管理学理所当然应该属于社会科学。

2)交叉性

教育管理学是教育科学的组成部分，也是管理科学的一个重要分支。教育科学研究非常广泛，包括社会环境、教育环境、教育目标、教育对象、教育内容、教育方法等，这些因素不可能孤立存在，只有它们相互配合才能形成教育过程，而教育管理学就是研究影响教育质量和效益的各种因素的组合，所以教育管理学是教育科学的组成部分。同时，教育管理学就是要把教育管理结合起来，研究如何按照教育的客观规律来管理教育，所以也是教育优势管理科学的一个分支。

3)文化性

教育管理有着许多差异，除了经济与物质条件上的差异外，主要表现在文化上的差异，也就是观念形成和文化传统的差异。我国的教育管理是以中华民族优秀传统文化为根基，在处理各种教育管理工作时，都会以我国文化传统为前提。不能一味照搬、照抄国外的教育管理理论，而是要结合我国国情，批判、吸收和学习。

4）权变性

权变就是要根据情况权衡应变，一切从实际出发，理论联系实际，因时、因地、因人制宜，既要有高度的原则性，又要灵活选择管理方式和方法。教育管理学者应该懂得根据实际情况，根据自身所处的环境来处理管理中常见的各种问题。

5）实践性

教育管理学虽然在一定的理论指导下进行，形成了不同的理论研究派别去探索教育管理的规律，但其绝不是纯理论的学科，其理论需要经过长期实践积累而成，提醒教育管理者该如何行动，如何根据一般规律去取得更好的成效，所以教育管理学是一门非常具有实践性的学科，教育管理重在行动，重在效益。

（三）教育管理学的研究对象

教育管理涉及两类教育管理活动，一是管理教育及教育行政；二是为了教育而管理及学校管理。从这个意义上讲，教育管理学的研究对象在我国教育管理学界有着几种不同看法，见表 1-1。

表 1-1　教育管理学研究对象说

	代表人物	观点
现象说	孙绵涛、张新平、安文铸等	把教育管理学研究的对象定为教育管理现象
规律说	萧宗六、陈孝彬、刘文修等	把教育管理规律作为研究对象进行研究
活动说	陶增骈等	将教育系统的管理活动看作研究对象
问题说	秦梦群、张济正、李保强等	把教育管理问题作为研究对象
过程说	陈孝彬等	研究教育管理过程，解释教育管理规律
综合说	吴宏志等	将管理现象、管理过程、管理规律作为研究对象

教育管理学主要研究对象大致分为教育管理现象、教育管理问题、教育管理规律三个部分。教育管理现象也就是教育管理过程中的各种事实，对其进行研究是为了对教育规律的探求和对教育本质的把握。教育管理问题是反映到大脑中、需要探明和解决的教育管理实际矛盾和理论疑难，它们可以来源于教育管理实践，也可以来源于教育管理理论，还可以来源于教育管理理论与实践的矛盾运动，对教育管理问题进行研究可以直接指导教育管理实践。教育管理的规律是在教育管理现象中，有教育管理的活动、教育管理的体制、教育管理的机制、教育管理的观念等，它们相互联系、

相互影响而形成一整套的教育管理活动中稳定的、必然的联系。

我国大部分教育管理研究者认为教育管理研究对象为教育现象和教育规律。陈孝彬指出："教育管理学是研究教育管理过程及其规律的科学"①；吴宏志则认为："各级各类教育组织和机构的管理现象、管理过程和管理规律为教育管理学研究对象"②；孙绵涛在此基础上较为系统和全面地研究了教育管理学研究对象，他认为："教育管理学是以教育管理现象和教育管理规律为研究对象的"③，并进一步指出，教育管理学就是要研究教育管理现象，而不是教育管理活动、过程和问题；教育管理现象的研究可以揭示教育管理规律，而且教育管理学不仅研究教育管理现象，还要研究教育管理规律。

将教育问题作为教育管理的对象，也有许多学者加以阐述和说明，如张济正就曾提出："教育管理学研究学校和学校教育领域中的管理问题。"④ 黄葳先生对教育管理问题进行了全面而系统的论证，他指出教育管理学的研究对象既不是教育管理过程和规律，也不是教育管理现象和本质，而是教育管理问题，他强调："教育管理学的研究对象是教育管理问题或成为问题的教育管理现象。"⑤ 同时，他还将教育管理问题分成了教育管理的事实问题与价值问题、教育管理的经验问题与概念问题、教育管理的常规问题与革命问题、教育管理的"真"问题与"假"问题等四类。

（四）教育管理学研究的领域与范围

教育管理学与许多学科都有或多或少的联系，某些学科所研究的问题，有的为教育管理学提供了重要的理论依据，有的丰富了教育管理学研究的内容，有的则本身就是教育管理学所要研讨的问题，有的为教育管理学提供了丰富的材料。例如，教育管理学中的体制改革问题、管理权限问题、教育政策制定问题涉及政治学；教育成本问题、教育资金分配问题、教育财政问题涉及经济学；师生心理状态、组织学生活动、调动师生积极性等问题又涉及心理学；教育管理与被管理角色分配问题、校园文化问题等涉及社会学；依法管理、依法治校、教育规则制定等问题又涉及法学……这些学科都从不同角度影响着教育管理学的研究，并与教育管理学产生了种种交叉关系，为教育管理学的健康、科学发展做出了重大贡献。

教育管理学研究的范围非常广泛，大致而言，其研究的范围主要有教育管理学的历史、教育管理学的学科性质、组织理论的发展和教育管理、教育行政制度、教育组织机构、教育政策、教育的法律、教育规划、教育财政、教育评价、教育人事管理、沟通理论和教学管理等。

---

① 陈孝彬. 教育管理学[M]. 北京：北京师范大学出版社，1999.

② 吴志宏，冯大鸣，周嘉方. 新编教育管理学[M]. 上海：华东师范大学出版社，2008.

③ 孙绵涛. 教育管理学[M]. 北京：人民教育出版社，2006.

④ 张济正. 学校管理学导论[M]. 上海：华东师范大学出版社，1984.

⑤ 黄葳. 教育管理学[M]. 北京：中国人民大学出版社，2009.

第三节 教育管理体制

教育管理体制简称“教育体制”，是指国家组织和管理教育的形式、方法和制度的总称，包括宏观层面的国家教育行政体制和微观层面的学校管理体制。教育管理体制受到国家经济、政治体制和文化传统等因素的影响和制约，随着社会生产力水平的调整而调整。

一、教育管理体制的概念

体制是指“国家机关、企业、事业单位等的组织制度”[①]，如国家体制、领导体制、行政体制、经济体制、教育体制等，不同的体制有不同的具体内容，但是基本内容包含机构设置、隶属关系和权责划分。

管理体制是指管理系统的结构和组织方式，即采用怎样的组织形式以及如何将这些组织形式结合成为一个合理的有机的系统，并以怎样的手段、方式来实现管理的任务和目的。具体而言，管理体制就是规定中央、地方、部门、企业各自的范围、权限职责、利益及相互关系的准则，其核心就是管理机构的设置，好的管理机构可以最大限度调动管理活动的效率和效能，反之亦然。

教育管理体制也是一个国家的教育行政组织系统，是国家组织和管理教育的机构、形式、方法和制度的总称。教育管理体制“受一国的经济、政治体制的制约，随一国的科学技术和社会生产力的发展及教育、社会、经济、政治制度和体制的变革、变化而调整和改革”[②]。教育管理体制的基本内容主要包含国家各级教育机构的设置、各教育机构的隶属关系、各机构权责划分，主要解决教育管理的权力如何确立和划分、中央和地方设置教育管理机构的形式和隶属关系、教育管理方式等问题。

教育管理体制是教育体制的一个重要组成部分，除了教育管理体制外，教育体制还包括办学体制、教育投资体制、教育督导制度、招生和分配体制等内容，教育体制所包含的内容比教育管理体制要广泛得多，但教育管理体制是教育体制的中心内容。

二、教育管理体制的主要类型

教育管理体制的类型是指国家以什么方式来干预教育活动，也就是教育行政组织的形态。从不同角度看，通常有以下几种主要管理体制类型。

（一）集权制和分权制

集权制是指教育管理的行政权力集中于中央政府，一切措施都要以中央的法令

① 中国社会科学院语言研究所词典编辑室. 现代汉语词典[M]. 北京：商务印书馆，1996.

② 陈孝彬，高洪源. 教育管理学[M].3 版. 北京：北京师范大学出版社，2008.

和指示为准。中央政府及其教育行政部门直接领导和管理整个国家的教育事业，地方及其教育部门主要以实施、落实中央制定的教育法律法规、政策、指令为己任，中央和地方的关系是一种垂直的、领导与被领导的隶属关系。

分权制就是指下级机关和地方政府在其管辖范围内，有完全的独立行政权力，中央政府对其在权限范围内的事项不加干涉，地方自主管理的权力较大。中央政府和地方在教育管理上有各自的职权范围，维持着一种相对独立的关系。

集权制和分权制各有利弊。中央集权制的优点在于：有利于教育方针和政策的统一；有利于统筹全局，规划教育事业的总体发展；有利于调节各地教育发展不平衡和教育资源分配不均等问题；有利于保持全国教育整体水平的提高。但不足之处在于：不利于因地制宜发展教育，容易形成一刀切现象；不利于调动地方发展教育事业的积极性、主动性和创造性；不利于地方高效率管理教育。地方分权制的优点在于：有利于因地制宜发展教育，使教育行政管理具有弹性；有利于发挥地方政府在教育管理上的积极性和主动性；有利于及时发现、处理在当地出现的各种教育问题，提高教育管理效率。但不足之处在于：不利于统一政令、统一标准、统筹规划；不利于教育公平发展，教育管理的整体功能难以发挥；不利于中央协调各地之间教育管理协作。

（二）从属制和独立制

教育管理从属制又称为完整制，主要是指各级教育行政机构是政府的一个职能部门，接受政府的领导，不能成为独立于政府管理之外的组织机构，如教育局或教育厅是政府的一个职能部门，是在政府的领导下工作。而教育管理独立制又称分离制，指地方教育管理机构脱离行政部门而独立存在，地方教育机构不属于地方政府的一个职能部门，也不接受地方政府的直接领导，如美国的地方学区制就是独立制。

从属制和独立制各有利弊。从属制的优点在于：有利于政府统筹规划，协调教育事业的发展与国民经济和社会发展之间的关系；有利于加强教育行政管理的权威；有利于从全局出发，调动各种资源发展教育事业。而不足之处在于：容易造成重经济轻教育的现象，特别是在经济欠发达的地区；容易造成教育管理工作中热衷于追求短期效果，忽视教育需要长期发展才能见成效的规律；容易造成教育管理行政化，官僚作风、衙门作风严重等情况。分权制的优点在于：有利于避免外行领导内行的情况，实现按照教育部规律办事；有利于避免行政对教育不必要的干扰，提高教育管理效率；有利于各地区、各学校根据自身情况处理教育事务。但不足之处在于：不利于发挥政府办教育的积极性；不利于教育事业与其他事业协调发展；不利于保证教育的公平性。

（三）专家制和非专家制

专家制是专家治校的制度，即教育行政首长必须是具有一定学历的、从事本国教育工作的、卓有成效的专家，也就是只有教育专家才能担任教育管理的执行者。而非专家制指教育行政首长或领导者由非教育专家担任的制度。

专家制和非专家制各有利弊。专家制的优点在于：有利于教育管理专业化；有利于教育事业进行科学管理；有利于让教师专业化发展。但不足之处在于：忽视教育与社会其他方面的关系；容易出现教育决策片面性；专业水平很高的专家的行政管理能力不一定很强。非专家制的优点在于：有利于促进教育与社会其他行业协调发展；有利于加强学校与家长和社会之间的关系，创造良好的社会育人环境；有利于调动更多资源来发展教育。不足之处在于：容易出现不顾教育规律瞎指挥、乱决策的情况；容易产生社会各利益集团为了各自利益相互争斗的现象；容易造成人心不服、人心不稳的现象。

三、我国的教育管理体制

我国教育管理体制的发展在不同时期历史受到不同社会因素的影响和制约。

（一）中华人民共和国成立后教育管理体制的变革

中华人民共和国成立以后，政府高度重视教育事业的发展，教育体制也随着国家的发展而几经变迁，并逐步形成了有我国特色的教育体制。

中华人民共和国建立初期，国家暂时实行军事接管体制，为废除旧制度，稳定新制度，以及维护学校正常的教育秩序，稳定教师和学生的情绪，推行新思想等都发挥了积极作用。

1950—1957 年，教育事业实行“中央集中统一领导”的行政体制，即关于教育事业发展的综合计划的测定，中学、大学的教学计划、大纲与教科书，大学生的新生招收与分配，大学教师的任免，教育经费等都由中央统一管理。教育部于 1952 年颁布的《小学暂行规程（草案）》和《中学暂行规程（草案）》，政务院于 1954 年颁布的《关于改进和发展中学教育的指示》等文件，都规定公办中小学也好，私立中小学也好，都由教育行政部门统一领导和管理，而全国高等学校也由教育部统一领导。

1958—1963 年，我国主要实行以地方分权为主的教育行政体制。1958 年中共中央、国务院发布了《关于教育事业管理权力下放问题的规定》，其目的是充分发挥各省、自治区、直辖市举办教育事业的主动性和积极性，加强地方对教育事业的领导和管理，其中规定了今后教育部和中央主管部门应该集中主要精力研究和贯彻执行中央的教育方针和政策；综合平衡全国教师事业发展规划等，并明确小学、普通中学、职业中学、一般中专等专业学校和各级业余学校的设置和发展，无论公办或民办，由地方自行决定。1958 年中共中央颁布了《关于高等学校和中等技术学校下放问题的意见》，其中指出“除少数综合大学、某些专业学院和某些中等技术学校仍旧由教育部或者中央有关部门直接领导外，其他的高等学校和中等技术学校都可以下放，归各省、市、自治区领导”。

1963—1966 年，我国主要实行统一领导和分级管理相结合的教育管理体制。1963 年中共中央转发《全日制小学暂行工作条例（草案）》和《全日制中学暂行工作条例（草案）》，将教育行政权力收归中央统一管理。同年，中共中央、国务院又颁发了《关于加强高等学校统一领导、分级管理的决定（试行草案）》，其中明确指出对教育事业问题的处理，各地方各业务部门都必须贯彻实施中央统一规定的指导方针和政策，必须实行中央制定的全国统一的重要规定和教育计划。

1966—1977 年，在“文化大革命”期间，我国原来逐步完善起来的教育管理体制遭到了严重破坏，中小学一度由工宣队管理，后来由革命委员会领导；高等院校全部由革命委员会领导，这造成了教育事业的大混乱。

1978—1985 年，中央领导下的分级管理体制得到恢复和发展。1978 年教育部颁发了《全日制小学暂行工作条例（试行草案）》和《全日制中学暂行工作条例（试行草案）》，其规定“全日制小学由县（市属区）教育行政部门统一领导和管理”“全日制中学原则上由县以上教育行政部门领导和管理”。1979 年，中共中央批转教育部颁发的《关于加强高等学校统一领导、分级管理的决定》，此决定同意高等学校统一管理、对口管理。

1985—2000 年，我国教育管理体制进行了重大改革，1985 年《中共中央关于教育体制改革的决定》指出：“必须从教育体制入手，系统地进行改革。改革管理体制，在加强宏观管理的同时，坚决实行简政放权，扩大学校办学自主权，调整教育机构，相应地改革劳动人事制度。还要改革同社会主义现代化建设不相适应的教育思想，教育内容，教育方法。”概括地说就是中央放权给地方，教育领导部门放权给校长，政府放权给社会。1986 年，全国人大六届四次会议通过了《中华人民共和国义务教育法》，该法律规定：我国的义务教育事业在国务院的领导下，实行地方负责、分级管理的制度，“地方负责、分级管理”成为我国基础教育管理的基本制度。1993 年《中共教育改革的发展纲要》及其实施意见等均提出继续完善基础教育主要由地方负责、分级管理的体制，过去国家包揽办学，过度集权的教育管理体制被逐步打破，大大提高了地方办学的积极性。这一时期政府积极鼓励和支持社会力量办学，1987 年国家教育委员会颁布的《关于社会力量办学的若干暂行规定》，1997 年国务院颁布的《社会力量办学条例》，以及《中外合作办学条例》《民办教育促进法》等法规政策，有力引导和推进了我国民办教育的发展。

21 世纪以来，国务院确定农村义务教育“以县为主”的管理体制。2001 年 5 月国务院颁布了《关于基础教育改革与发展的决定》，其中明确提出“农村义务教育实行在国务院领导下，由地方政府负责，分级管理，以县为主的体制”。2006 年新《中华人民共和国义务教育法》正式实施，该法指出政府是实施义务教育的主要的和首要的责任者，要强化中央和省级政府管理和实施义务教育的责任，明确了以县为主的体制，初步划分了中央、省和县在义务教育管理中的职责。在高等教育管理体制上，进一步确立中央与省（自治区、直辖市）分级管理、分级负责的教育管理体制。

（二）我国现行教育管理体制

我国基础教育管理体制的改革主要是在于完善“地方负责、分级管理”的体制，也就是简政放权，进一步促进基础教育管理的地方化，实行由地方负责的管理体制。经过多年实践，中央和地方政府在基础教育方面的管理职责有了明确界限：中央政府负责制定有关基础教育的方针、政策、法规、规章及总体发展规划和基本学制；设立用于补助贫困地区、少数民族地区、师范教育的专项基金；对地方教育部门工作进行监督指导等。而各省、自治区、直辖市政府负责本地区基础教育的实施工作，包括制定本地区基础教育发展规划和中小学教学计划，组织对本地区义务教育的评估和验收；建立用于补助贫困地区、少数民族地区的专项基金，对县级财政教育事业有困难的地区给予补助等。这种管理模式基本符合我国现阶段发展实际情况，有利于教育事业更快发展。

根据《中国教育改革和发展纲要》中“教育体制改革要有利于社会主义方向，培养德、智、体、美、劳全面发展的社会主义建设者和接班人；有利于调动各级政府、全社会和广大师生员工的积极性，提高教育质量、科研水平和办学效益；有利于促进教育更好地为社会主义现代化建设服务”的精神，我国基础教育管理体制的改革要统一领导，分级管理，分工负责的原则，进一步把宏观调控与微观放权相结合，实现教育管理体制改革的最终目标。

对于高等教育管理体制改革而言，从改革开放以来，我国对高等教育管理体制进行了多方面的大胆改革和尝试。经过不断探索，逐步明确了高等教育职权范围和高等学校的自主权范围，理顺了政府和高等学校之间的关系，建立政府管政务，学校自理校务；政府宏观控制，学校自主办学的新型关系。同时，健全了高等教育行政的咨询、决策、执行、评估和督导组织体系。

四、学校管理体制

教育管理体制的变革不仅影响一个国家教育行政机关的组建，也影响国家各级、各类学校内部管理形式。学校管理体制也称学校内部管理体制，包括学校的领导体制、管理机构、管理制度、人事制度、分配制度等。

我国学校内部管理体制经历了几次演变：第一次是中华人民共和国成立初期，实行“校务委员会制”；第二次是 1952 年实行的“校长责任制”；第三次是 1957 年的“党支部领导下的校长负责制”；第四次是 1963 年实行的“当地党委和主管的教育行政部门领导下的校长负责制”；第五次是“文化大革命”时期的“革命委员会制”；第六次是 1978 年的“党支部领导下的校长分工负责制”。

20 世纪 80 年代中期以来，我国根据实际情况，不断探索和改革学校内部管理体制。1985 年《中共中央关于教育体制改革的决定》中指出："学校逐步实行校长负责制，有条件的学校要设立由校长主持的、人数不多的、有威信的校务委员会，作为审议机构。" 1993 年颁发的《中国教育改革与发展纲要》进一步指出："中等及中等以下各类学校实行校长负责制，校长要全面贯彻国家的教育方针和政策，依靠教职工办好学校。"由此，我国大部分地区和大部分学校都实行了校长负责制，校长负责制成为我国中小学普遍实行的教育管理体制。

校长负责制的基本含义是"上级机关领导，校长全面负责，党委保证监督，教职工民主管理"。由此可以看出"校长负责制"包含了如下内容：①上级机关的领导，也就是校长要接受国家、地区教育机构的领导，要认真贯彻落实国家和地区制定的教育方针、政策、法规，要为国家培养人才，所做的所有决定要符合国家和地区发展需要；②校长全面负责，就是校长要承担学校管理的全面责任。校长要按照国家法律、法规充分实行决策权、指挥权、人事权、财政权和奖惩权等；③党组织的保证监督，就是在实行校长负责制的同时，党组织仍然居于学校领导的核心地位，党组织要积极发挥战斗堡垒作用，狠抓思想政治工作，参与学校重大问题决策，加强对学校干部的教育、管理和监督；④教职工民主管理是要在实施校长负责制的条件下实行民主管理、完善学校管理体制的必要要求，建立、健全学校教职工代表大会，这是学校教职工行使民主权力的机构，是教职工发扬民主、参与学校管理的基本形式和途径。

五、学校行政组织机构

组织就是社会集团，是一个集团内部各种关系系统的总和。学校的教师与学生、教学设备和教学手段、教学环境和学校氛围等构成了一定的关系系统，形成了较为固定的模式，并在这一模式中从事某项活动。教育行政组织就是依据教育方针、政策、法令以及规章制度等，领导和管理教育事业的机构。

（一）国家教育行政组织

国家教育行政组织是指国家一级的教育行政组织，包括国务院和教育部。国务院是国家最高行政组织，根据宪法规定，中华人民共和国国务院对教育行使领导和管理的职权，从这个意义上讲，国务院是国家最高教育行政组织。教育部是国家一级的专门性教育行政组织，它是国务院主管教育工作的一个职能部门，实际上是国家教育行政的执行机构。而教育部内部机构又包括办公厅、研究室、发展规划司、人事司、财务司、基础教育司、高等教育司、职业教育与成人教育司等部门。

（二）地方教育行政组织

地方交互行政组织是一个国家各级地方政府对教育事业进行组织、领导和管理的机构，包括各级地方人民政府和地方专门教育行政机构。各级地方人民政府依照法律规定，管理本地区的教育行政工作，因此各级人民政府也是地方教育行政机构。各级人民政府内还设置了各级专门性教育行政机构，具体分为：省、自治区教育厅；直辖市教育局；省辖市、自治州、地区教育局；县（区）教育局（科）等。省、自治区、直辖市教育厅内又设有办公室、普通教育处、高等教育处、职业教育处、成人教育处、人事处等部门。某些教育局一般设置办公室、中教科、小教科和人事科等。

（三）学校行政教育组织

学校是基层教育管理机构，包括行政组织机构和非行政组织机构。行政组织机构是为完成正常的教育教学任务、维持学校正常运转的机构，包括校长办公室、教导处、政教处、总务处、教研组、年级组等部门。非行政组织是为了配合、监督、保证学校各项活动正常开展的机构，大致包括党支部、工会、教代会、共青团、学生会、少先队、研究团体等。

第二章 中国教育管理发展简史

中国是世界公认的文明古国之一，早在三千多年前的奴隶制时期，就诞生了系统传授知识的学校，在漫长的文明发展历史进程中，我国的教育也不断发展和优化，从而在教育管理领域积累了丰富的经验，形成了一套适合时代教育的管理制度，也产生了许多优秀的教育管理思想。

第一节 先秦时期的教育管理

"从很早的古代起，我们中华民族的祖先就劳动、生息、繁殖在这块广大的土地之上。"[①] 在长期的劳动中创造了灿烂的文化，也发展继承了灿烂文化的教育。杨贤江指出"自有人生，便有教育。因为自有人生，便有实际生活的需要"[②]。

一、原始、奴隶社会的教育管理

在我国原始社会，人们主要是集体劳作，依靠集体力量战胜自然，进行狩猎、采集等活动，人们在集体的劳作中逐渐积累了一些经验，这些用无数生命换来的宝贵经验当然需要代代相传，以保证社会生产的进行和集体生活的安全，这也就产生了原始状态的教育，这种手手相传、口耳相传的教育方式就是先辈在劳动生活实践中培养后代，在传授相关技能的时候，先辈会提出一些传授的基本要求，而这些要求也就是原始教育管理。

后来，人们的生产工具和劳动技能有了长足进步，社会分工初步形成，社会生产力也大大提高，居住场所逐渐固定，在相对稳定的"聚落"中就开始有了一个公共活动的大房子，凡是部落选举、重要事件讨论、宗教活动、节日庆典、祭祀天地等都在这里举行，这个公共的大房子也就是最早形成的对氏族成员和后代进行教育的场所，在这个场所里举行的各种活动或仪式就要有基本的规矩，这些规矩也就是教育管理。

再后来，农业和畜牧业有了新的发展，生产工具更加进步，开始使用铜器，制造各种陶器、冶金的技术也有了长足的进步，由于生产力发展，生产出来的器物就开始由实用需要转变为审美需要，于是产生了一批掌握一定文化知识和审美能力的"巫"。教育也从萌芽状态向有意识、有目的的阶段前进了不少，开始和别的社会现象有了某

① 毛泽东. 毛泽东选集(第二卷)[M]. 北京：人民出版社，2003.

② 杨贤江. 新教育大纲[M]. 北京：人民教育出版社，1961.

些分化现象，并且出现了少数最早脱离生产劳动、掌握一定知识的文化人或知识分子。这些文化人或知识分子在传授生产劳动经验和技能的同时，还注意培养后辈的精神品质和遵守社会生活规则的习惯，如吃苦耐劳、团结互助、关心老幼、遵守纪律等。

原始社会末期或者奴隶社会初期，社会事务日渐复杂，需要培养一部分脱离直接生产劳动的、专门进行社会管理的人员。加上文字的产生，文化知识的丰富，就更有必要和可能建立有组织、有计划、有管理的专门教育机构，这个教育机构就是学校。据有关古籍记载，我国唐虞以前的五帝时代（公元前2700年）已经有了“成均”（即大学），《周礼·春官宗伯》载“大司乐掌成均之法”，汉代董仲舒注疏云：“成均，五帝之学”，由此可见，我国早在公元前2700年前就已有学校的雏形了，而此学校也就是最早进行教育管理的机构。

养老是氏族社会的传统，将富有生产经验、劳动技能和社会生活常识的老人集中起来，让他们承担教育下一代的责任。养老场所逐渐成为传授生产、生活经验和知识的学校，形成了“上庠”“下庠”，《礼记·王制》所谓：“有虞氏养国老于上庠，养庶老于下庠”，有注释解释“上庠”就是大学，在西郊；“下庠”就是小学，在国中王宫之东。有了学校后，在虞舜时还有专门的学官从事教育管理，并分成三个管理部门：一是“司徒”，由契负责，主持“五教”（即父义、母慈、兄友、弟恭、子孝）；二是“秩宗”，由伯夷掌管，主持“三礼”（祀天神、享人鬼、祭地祇）；三是“典乐”，由夔负责，专掌乐教。这些部门和仪式是当时教育的主要内容和管理手段。

到了中国历史上第一个奴隶制国家——夏朝，统治者为了对外征讨和对内镇压，特别注重习射，培养武士。而习射必兼习礼，即要求射者与观者遵守长幼先后的次序，所以名其学曰“序”。到了商朝时期，奴隶制度进一步发展，生产力日益提高，教育也有了明显进步。商朝重视祭祀、崇尚礼乐，所以特设“瞽宗”，由乐师瞽矇主持，用作祭祀的地方，同时又是进行乐教、学习礼仪的机关，这个机关也设置了一些简单的管理办法。

二、西周的教育管理

西周是我国奴隶制社会高度发展的时期，西周的统治阶级非常重视教育，也垄断了教育，形成了“学在官府”“官守学业”的局面，培养统治阶级需要的人才。西周的学校集前代之大成，汇合各种学校，构成了一套比较完备的学制体系。西周学校大致可以分为“国学”与“乡学”两种。

“国学”是专为奴隶主贵族子弟设立的，按入学年龄和程度又分为小学和大学两级，小学设在宫廷附近，大学设在近郊。天子所设立的大学规模较大，分为五学，按位置划分，有辟雍（大学）居中、成均在水南、上庠在水北、东序在水东、瞽宗在水西。

《大戴礼记》记载:“帝入东学,上亲而贵仁”;“帝入西学,上贤而贵德”;“帝入南学,上齿而贵信”;“帝入北学,上贵而尊爵”;“帝入太学,承师问道”。而诸侯所设立的大学规模比较简单,仅有一学,因半环以水,故称“泮宫”。“国学的教官”一般由大乐正总其事,下设许多官员分掌各职,入有小乐正、大胥、小胥、大司成等。“国学”的学习内容大致有乐教、三德(至德、敏德、孝德)、六艺(五礼、六乐、五射、五御、六书、九数)、六仪(祭祀、宾客、朝廷、丧纪、军旅、车马之容)、六舞(鼓舞、羽舞、皇舞、旄舞、手舞、人舞)。

“乡学”是按照当时地方行政区域为一般奴隶主和部分庶民子弟设立的、规模比较简单的学校,只有小学一级。“乡学”的教官由地方各级行政首长兼任,大司徒总其成,并有退职的大夫任“乡学”教师。“乡学”的教学科目主要有六礼(冠、婚、丧、祭、飨、相见)、七教(父子、兄弟、夫妇、君臣、长幼、朋友、宾客)、八政(饮食、衣服、事为、异别、度、量、数、制)、乡三物(六德、六行、六艺)等。

由此可见,西周的学校已经有了明显的等级之分,而对不同等级学校和教学的管理也逐渐成熟。如西周时期就规定了入学的年龄,《大戴礼记·保傅》载:“古者年八岁而出就外舍,学小艺焉,履小节焉。束发而就大学,学大艺焉,履大节焉。”西周还建立一套分年考查的办法,学生每年“国学”,隔年考查,考查中发现有不受教者,即报告大乐正,大乐正报告王,王命三公九卿等感化之,如不改变,王亲自视学,以示警告,仍不改变,则迁送远方,终身不齿。“乡学”的考查由乡大夫负责,发现有不受教者,司徒集中乡中耆老感化之,如不改变,右乡移于左乡,左乡移于右乡,再不改变,由乡住于郊,仍不改变则弃之远方,终身不齿。西周的这种考查制度成为我国封建社会长期遵守的基本管理原则。

三、春秋战国时期的教育管理

春秋战国时期是我国历史上发生重大变革的时期,奴隶制度逐步瓦解,封建制度逐步形成。在这个激变时代,“礼崩乐坏”的局面出现了,文化教育随之改变,官学逐渐衰落,私学兴起。私学的产生和发展对我国教育发展有着非常重要的贡献,是我国教育史上的一个伟大创举。私学的兴起直接推动了各种学术流派的发展,各种思想空前活跃,百家争鸣的局面诞生了。

各个学派都非常重视教育,百家争鸣也促进了教育理论的发展和教学经验的丰富,他们流传下来的各种著作,不乏教育管理方面的真知灼见。

首先是儒家。孔子是儒家学派的创造者和代表人物,有“大成至圣先师”的尊号。他首创私学,提出“有教无类”“因材施教”“学思并重”“启发诱导”“由博返约”等重要的、对后世影响深远的教育思想。而在教育管理方面,他以“仁”为核心,主张通过关心、爱护、重视他人来实现有效管理,例如“己所不欲勿施于人”“躬自厚而薄责于人”等就是在指导后世的管理者要有“仁爱”之心,要尊重管理的对象,要能平等对待被管理者。被称之为“亚圣”的孟子是继孔子之后的儒家学派代表人物,他提出了“以德服人”“明人伦”“改过迁善”“持志养气”“循序渐进”等教育思想。更重要的是,孟子着重分析了教育管理中要重视人、尊重人的原因,他认为:“恻隐之心,仁之端也;羞恶之心,义之端也;辞让之心,礼之端也;是非之心,智之端也。”就是说人性趋善是由人的内在本质决定的,这也是人与动物的区别。由此,管理不是对人强加制约,而是顺应人本身的善,发掘顺应自觉的一个过程。同样是儒家学派的大师,荀子的思想与孔孟就有很大不同。他更加看重的是制度、法令对管理的重要影响,他认为“治之轻,礼与刑”,人“性本恶”,单依靠道德的感化管理社会是远远不够的,更重要的是依靠法令、刑法和礼仪的规范。荀子还公开提出了师道尊严的观点:“国将兴,必贵师而重傅,贵师而重傅,则法度存;国将衰,必贱师而轻傅,贱师而轻傅,则人有快,人有快则法度坏。”可见,荀子更欣赏的是管理的尊严和管理的权威。

其次是道家。道家崇尚自然,以“无为”为最高境界,当然也是管理的最高境界,他们认为“人法地,地法天,天法道,道法自然”。社会的失序,“礼崩乐坏”并不是缺少人为的管理或者缺少精明的管理者,而恰恰是因为管理过度,违背规律所致。当然,他们所谓的“无为”并非什么都不要去做,而是要顺应自然的天性,尊重自然的规律去做事,要恰到好处,不要太过。从中可以体会出,教育管理就要懂得规律、尊重个性,要任其自然发展,不要过于束缚或压抑受教育者的天性。

最后是墨家。墨家与儒家一样非常重视教育,看重人道,只是“孔子贵仁,墨翟贵兼”。墨子提倡“述而又作”的创造精神、“察类明政”的逻辑思维、“强力而行”的刻苦磨炼、“勤劳俭朴”的生活习惯,而这些思想的核心就是“兼相爱”,他认为爱不应该有亲疏、尊卑、等级之分,应该“泛爱众”,应该强不凌弱、富不侮贫、贵不傲贱。在用人方面,他主张“选择天下之贤可者”,以形成人才辈出、贤才济济的局面。

春秋战国时期,诞生了世界上最早的官办高等学府——稷下学宫,始建于齐桓公时期,位于齐国国都临淄(今山东淄博)稷门。稷下学宫曾容纳了当时几乎所有的诸子各派,汇集了天下贤士。学者们在这里相互争辩、诘难,真正体现了战国时期“百家争鸣”,可以说,稷下学宫为“百家争鸣”的局面开创了良好的社会条件,大大促进了先秦学术文化的繁荣。稷下学宫在学校管理领域积累了非常丰富的经验:首先是办学体制,稷下学宫属于官方出资、私家主持的性质,所有的教学和学术活动由各家各派自主,官方从不多加干预;其次在教学管理形式上,其将讲学、著述、育才等融于一体,这种三合一的教学管理形式为学校的发展提供了良好的学术环境;最后,在教师管理制度上,稷下学宫做到了绝不干涉学术,并为学者们提供优厚的待遇,如荀子就曾“三为祭酒”。宽松的学术氛围、严格的教学管理、优厚的物质条件,营造出良好的人才成长环境。

战国后期,还诞生了一部中外文明史上最早的教育管理文献——《学记》。《学记》是《礼记》中的一章,全文仅一千二百多字,对先秦教育理论和教育实践作了全面的总结和概括,论述了教育的作用、目的和任务,以及教育制度、教学内容、原则和方法,也谈到了教师和师生关系等问题。其中包含的教育管理的主张有重视入学教育、教育过程要有一定的训诫、君主要定期视察、教学安排要多样化、坚持考试制度、注重尊师敬学等。这些丰富的教育管理思想对今天的教育有很深刻的启迪。

第二节 秦、汉、魏晋南北朝时期的教育管理

秦汉时期是我国历史上大一统封建国家形成和确立的时期,也是我国封建教育制度化、定型化的时期。而魏晋南北朝是我国古代由统一转为分裂和长期战乱的时期,这个时期的学校废置无常,教育总体呈现衰落趋势。

一、秦代的教育管理

公元前 221 年,秦灭六国后建立起我国历史上第一个统一的、中央集权的、多民族的封建国家。为了巩固统治,秦始皇采取了一系列政治、经济措施,促进了封建社会的发展。而在文化教育方面,秦始皇也采取了许多巩固统一的重大政策和措施。

第一是“书同文”“行同伦”。“书同文”即统一文字,就是以小篆为全国统一文字的标准,消除了战国时期“言语异声、文字异形”的现象,为秦朝政策法令的顺利推行扫除了障碍,也为文化的传播和教育的推广创造了有利的条件。“行同伦”就是统一社会生活中的衣食住行、风俗习惯和信仰等,建立古代社会的道德标准和行为规范,稳定了社会生活,进一步融汇了各民族的风俗习惯,促进了中华民族共同心理状态的形成。

第二是“设三老以掌教化”。“三老”就是掌管教化的乡官,是中央集权统治机构的基层组织中的官员,乡、县、郡均先后设置。《礼记·礼运》载:“故宗祝在庙,三公在朝,三老在学。”“三老”直接根据秦王朝的意图对一般百姓进行法治教育、耕战教育和尊卑贵贱的思想教化,法治教育和思想教化由此被国家统治,这对巩固秦王朝的统治具有重要意义。

第三是“焚书坑儒”。随着统一的封建王朝的建立,政治思想和学术思想也要统一。当时各学术流派争斗不息,作为法家代表人物的李斯就向秦始皇建言:“臣请史官非秦记皆烧之。非博士官所职,天下敢有藏《诗》《书》、百家语者,悉诣守、尉杂烧之。有敢语《诗》《书》者弃市;以古非今者族;吏见不知举者,与同罪;令下三十日不烧,黥为城旦。所不去者,医药、卜筮、种树之书。若欲有学法令,以吏为师。”[①] 秦始皇

① 司马迁. 史记·秦始皇本纪[M]. 北京:中华书局,1975.

采纳了李斯的建议，颁布了“挟书令”，禁止私学，由政府统一实施法治教育，取消了学校教育制度。公元前211年，爆发了骇人听闻的“坑儒”事件。“焚书坑儒”造成了我国文化典籍的破坏，加剧了社会矛盾，削弱了王朝的统治基础，是教育史上的一次大倒退。

秦朝短暂，其所采取的“书同文”等教育管理方法有利于国家的统一，但用“焚书坑儒”这种暴力的方式来管理国家，欲达到巩固朝政之目的，显然是适得其反。

二、汉代的教育管理

汉承秦制，但在教育方面则转而采用儒家的主张，重新肯定教育的作用，把教育作为巩固统一的重要工具。国家统一、经济繁荣、帛和纸的出现，是汉代教育发展的三个基本物质条件，在这三个基本条件基础上，在“罢黜百家，独尊儒术”的政策指导下，汉代的教育得到空前发展，教育系统初具规模，教育管理方式丰富多样。

汉武帝元朔五年（公元前124年）创立太学，成为当时汉代最高学府，到了汉平帝元始四年（4年），当时的太学生住宿的校舍可以容纳学生万人。东汉光武帝建武五年（29年）重建太学于洛阳南门外，校内设有内外讲堂，规模比西汉更大。汉明帝时期，大会诸儒于白虎观，详细考查五经的异同。东汉灵帝光和元年（178年）在洛阳鸿都门外创置鸿都门学，这是中国也是世界上最早的专门的文艺大学。

汉代的官学分为五级：中央有太学，在地方按行政系统分为学、校、庠、序四级。由郡国县邑举办的称为学和校，由乡和聚开办的称为庠和序。太学属于大学性质，设博士，教授儒家六经；学、校属于中学性质，设经师一名，专学一经；庠、序属于小学性质，置孝经师一名承担教学工作。汉代太学没有规定修业年限，只有通过考试方可授予官职。汉武帝时，太学一年一考，及格给予官职，有了官职还可留在太学继续做研究。东汉时期改为两年一考，及格委以官职，不及格仍留校，过两年再考，及格做官，不及格再留校，甚至帝王在一定时期会亲往省视，称为“视学”。

而汉代的私学很盛，许多经师大儒凡得不到从政或博士机会的，即从事私人讲学，学生人数众多，有的弟子数千。这么多学生，如何管理呢？其实汉代私学学生分为著录弟子和及门弟子两种，著录弟子即在老师门下挂名，不必亲来受业，这也就是后来“拜门”的开始。而及门弟子就是直接听从老师教诲，拜入门下认真学习的学生。私学所教授的科目有小学阶段和专经阶段，专经阶段是专门学习一本经典或数本经典。而小学阶段又分为蒙学识字阶段和学习《论语》《孝经》阶段。

由此可见，汉代的教育制度已较完善，教育管理的方法也更科学。汉代教育管理史上，有两个人必须一提，那就是董仲舒和王充，两位大师级人物对汉代教育做出了重大贡献。

董仲舒是西汉最著名的儒家学者，有“汉代孔子”之称。他对“春秋公羊学”非常有研究,中年开始收徒,汉景帝时被提为博士官,后经宦海沉浮,晚年归家著书讲学。董仲舒为了适应汉武帝的统治需要,提出了几个重要的文教政策建议:第一是兴设学校"养士",改革选士的制度;第二是兴教化,正万民;第三是罢黜百家,独尊儒术,以统制思想。这三个建议对巩固统一的局面、发展教育事业、培养国家所需要的人才是有一定积极作用的。同时,他还提出了强勉学问、节博合宜、专一虚静等重要的教学方法和原则,对汉代和后世教育有重要启示。

王充是东汉著名的唯物主义思想家和教育家,他反对迷信,重视教育的作用;他认为人与动物本质的不同在于人具有认识人事世界的能力,他反对知识先验论,认为知识就是力量,"人有知学,则有力矣";他认为教学过程应该包括"见、闻、为"的感性阶段和"开心意"的理性阶段;并提出要以实际的教学效果来检查知识的真伪,要引用实际事务来证实言论和行动,这些独到的见解是王充对我国教育史做出的重要贡献。

三、魏晋南北朝教育管理

魏晋南北朝是我国古代分裂和战乱的时期,这一时期教育管理也非常混乱,学校教育的总趋势是衰落的。

西晋时期,统治阶级内部出现门阀世族,为了保持他们优越的地位,晋武帝咸宁二年(276年),统治阶级在太学之外另立国子学,并设置国子祭酒博士。晋惠帝元康元年(291年),明确规定五品官以上的子弟方能入国子学。这是我国古代在太学之外专为世族子弟另外设学校的开始。

北魏时期重视经学,故设有国子学和太学。北魏献文帝天安元年(466年)已普遍设置州郡学,并建立了州郡学教育管理制度,按郡的大小具体设定博士、助教及学生的名额,并规定博士要博通经典、道德高尚,年龄在四十岁以上。

南朝宋文帝元嘉十五年(438年),安徽庐山处士雷次宗到京城开儒学馆,第二年命令何尚之立"元素学"(玄学)、何承天立"史学"、谢玄立"文学",共为四个学官馆,各收门徒,四科并立。元嘉二十年(443年)又开设了医学,这是中国古代医学专科学校的开端。

第三节　隋、唐、宋时期的教育管理

隋唐时期是我国统一封建专制的再建和高度发展期,也是我国封建教育进一步发展和完善的时期,这个时期有许多教育管理方法得以落实和运用。宋代继承和进一步发展了隋唐的教育管理制度,并推行了书院制,对中国教育发展影响深远。

一、隋代的教育管理

隋朝如秦朝一样，是一个短暂的封建大统一的王朝，但它所创立的教育制度和科举制度对以后封建王朝都有重要影响。

隋朝开国之君隋文帝重视教育，提倡建立学校，从中央到地方都设有官学。在中央设有国子寺，置祭酒，专门管理学校的教学工作，这是我国历史上设立专门教育行政部门和设置专门教育长官的开始。在国子寺之下，设有国子学、太学、四门学、书学、算学等五类，可谓“讲诵之声，道路不绝”①。同时，隋文帝还在太常寺下属的太医署和太卜署分别设置了医博士、助教各两人；按摩博士、咒禁博士各两人；太卜博士、助教各两人；相博士、助教各一人，还在太卜寺中设有兽医博士，在大理寺设有律博士，这为唐朝医学和律学的创立奠定了坚实的基础。

隋朝之前取士主要是用“九品中正制”，造成了“上品无寒门，下品无世族”的局面，这不利于中央集权制的加强，也不合乎人才选拔和任用的规律。于是，隋文帝大胆改革，用科举考试取代了“九品中正制”。开科取士就是用统一的试卷来选拔人才，而不是由地方察举，将真正有才能的人选拔出来为统治阶级服务。科举考试的建立在一定程度上限制了门阀士族把持选士的局面，为庶族百姓通过读书出仕开辟了道路，扩大了统治阶级的统治基础。科举制度被以后历代王朝所沿用，维持了一千三百年之久。

二、唐代的教育管理

唐代是我国历史上非常强大的朝代，此时国家高度统一、经济高度发达、军事实力响彻边陲。为了巩固政权和加强管理，唐朝选择了儒家思想作为维护统治的思想基础，并推行了一系列“重振儒术”的管理政策：如提高儒学的地位、提高儒生的地位、重视儒经的整理和研究等。

在崇儒尊孔的管理政策指导下，经过不断经营和发展，唐代教育制度已经相当完备，建立了由中央到地方的封建学制体系。中央设国子监总管各学，国子监具有双重性质，既是大学，又是教育行政管理机构，其中设最高教育长官一人，称国子祭酒；设司业二人，协助祭酒掌邦国儒学训导的政令；设丞一人，管理学生学业成绩；设主簿一人，负责文书簿籍、掌管印鉴。学校的教师有博士、助教、直讲等，博士分经教授学生；助教协助博士分经讲课；直讲协助博士和助教以经术讲授，不管别的工作。博士既是教师，又是政府官员，如国子博士须正五品以上的资格，助教须从七品以上资格。国子监包括国子学、太学、四门学、书学、算学、律学等“六学”，其中国子学、太学、四门学属于大学性质，书学、算学、律学属于专科性质。除“六学”外，中央还设崇文馆和

① 魏征. 隋书·儒林传序[M]. 北京：中华书局，1933.

弘文馆“二馆”，弘文馆归门下省直接管理，崇文馆归东宫直接管理，“二馆”是高贵的学校，不是一般人能就读的。

唐朝的教育管理制度已经非常完善，从入学到毕业都有制度化的规定，中央官学规定，学生从14岁到19岁开始入学，入学之初要行拜师礼，以示尊师重道。学校要按时举行考试，考试分为旬考、岁考、毕业考三种。旬考在旬假前举行，考生要背和讲解十日之内的课程内容，不及格者有罚。旬考因间隔时间太近，后改为月考。岁考是考一年内所学的课程，如不及格要延长在校时间，九年仍不及格，则令退学。毕业考试由博士出题，祭酒监考，考试合格者可取得科举省试资格。由于唐代官学教师都是政府官员，故教师的品级、待遇、职责等有严格规定，不同品级的教师在经济待遇上差异很大，不过哪怕是最低等级的教师，基本生活也能保证。对教师的考核一般也是一年小考，四年大考，考核成绩分上、中、下三级九等，写有考评，当众宣读，考核结果与晋升、奖惩相结合。为了保证教学秩序，政府相关部门还制定了有关的法令、法规，如《唐令》中有专门的《学令》。

唐代除中央有太学外，在各府有府学，各州有州学，各县有县学，县内又有市学和镇学，所有府州县各级学校由长史掌管。凡是地方政府办理的各类学校，其性质似今日的中小学，毕业生可以应“乡贡”，也可以升入中央四门学。因为唐代皇帝追崇道教，所以朝廷在中央设置了崇玄学，在各州府也建立了崇玄学，设玄学博士一人，专门讲授《道德经》《庄子》《列子》等道教经典，学生毕业后可以参加道举考试。除此之外，唐代的私学也很发达，许多名师大儒聚徒讲学，传授经业，如颜师古、孔颖达、尹知章、韩愈、柳宗元等都“以教授为业”。

在唐代，中国古代选官制度又一次进行了重大改革，全面推行科举取士制度，并使之成为知识分子入仕的基本途径。唐代科举设科繁多，常有秀才、明经、进士、明法、明字、明算等六科，还有许多常设的科目，如三礼、三传、一史、三史、开元礼、道举、童子科等。其中最为重要的是明经、进士两科，明经科自汉代就有，考试的主要内容是对五经的义理的记忆和解释，同时也答实务策问。进士科是从隋代才开设的科目，考试的主要内容是实务策问，也有经义，不过唐代进士科特别被推崇。唐代的科举制度对教育影响十分深远，由于选才与育才的标准和要求一致，科举制度促进了学校教育的发展。孙中山先生在《五权宪法》中说：“现在各国的考试制度，差不多都是学英国的。穷流溯源，英国的考试制度，原来还是从我们中国学过去的。”

所以，唐代的教育管理制度对今后教育管理实践的发展产生了深远的影响。

三、宋代的教育管理

在我国教育发展历程中，宋代具有独特的地位，这一时期的教育思想异常活跃和丰富。

960年,赵匡胤发动陈桥兵变,黄袍加身,代后周而建立宋朝,并逐步采取措施,基本结束了五代十国的封建割据局面。宋朝有鉴于五代时期藩镇割据、重武轻文的教训,于是定下了"崇文抑武"的基本国策,将尊孔崇儒作为治国的指导思想,并重视文治教化,教育事业空前发展,教育管理也出现了新的方式。

北宋时期有过"三次兴学"之举。第一次兴学称庆历兴学,是在北宋仁宗庆历四年(1044年),范仲淹参知政事,主持变革。他非常重视教育,屡次上书,主张要"重明器""精贡举",并实行了具体的兴学内容:第一是令州县立学;第二是改革科举考试内容;第三是改革太学。但不久,范仲淹被排挤,"庆历兴学"宣告失败,但他倡导的"明体达用"之学,用胡瑗为太学令,对北宋学术风气的形成有深远影响。胡瑗曾在苏湖两地进行教学,改革了当时崇尚辞赋的风气,重经义与时务,并在州学中设经义斋和治事斋,根据学生的专长和爱好分斋而教学,教学方法也不是传统的死记硬背,而是要"明体达用",以培养具有实际才干的人才为目标。胡瑗的这种"苏湖教法"受到了范仲淹的赞赏,并举胡瑗为太学令,各地学生不远千里前往太学就读,以至太学校舍都容纳不下,另取房舍安置学生。第二次兴学称熙宁兴学,是宋神宗熙宁、元丰年间,王安石两次为相,变法过程中推行教育改革。王安石认为"陶冶而成之者"就是要"教之、养之、取之,任之有其道而已",并详细阐述了教、养、取、任的办法。他推行的教育改革主要有:第一改革太学,将太学分为外舍、内舍、上舍,初入学的学生在外舍,不限名额,一年内可升为内舍生;内舍生再升为上舍生,生源升舍均须经过严格的考试,上舍生中名列上等的即可不再经过科举考试,直接授以官职;第二整顿地方学校,下令京东、京西、河东、河北、陕西五路设立学校,选置教官,并给予田地以充学粮,州县学校有了长足发展;第三,统一教材,颁布《三经新义》作为各类学校必读教材,也成为科举考试内容和标准;第四,改革科举制度,王安石针对科举考试的旧弊,废除了明经科,增加进士科名额,进士科考试废除诗赋、帖经、墨义,而是以经义及策论为主。后来,王安石被罢相,第二次兴学也宣告失败。第三次兴学称崇宁兴学,是宋徽宗崇宁元年(1102年),徽宗下令全国兴学,行"三舍法",规定地方县学学生经过考试可以升州学,州学生每三年贡太学,还不断增开州县学,扩充学校。由此,宋代教育制度更加完备。

在三次兴学的过程中,宋代教育管理制度逐步建立和完备。宋朝在中央设立了专门管理学校的机构——国子监,它也是国家的最高学府。国子监设判监事二人,总管监事,设直讲八人,讲授经术,还有丞簿和专管刻书之责的书库和监官各一人。后来,还设祭酒一人总管国子监事,统辖所属各校,其下设司业、参丞、主簿各一人,分管各项事务。宋代中央官学还有太学,学生限定在八品官员以下的子弟和优秀庶民。并规定州学每三年选送太学生一次。南宋还规定,州学学生学满一年,三次考试及格而未犯过错者，可以送入太学学习。太学设博士十人，担负教授经术和训导的责任。宋代中央官学除了国子学和太学外，还有若干专门的学校，如律学、算学、书学、画学、医学、武学等，分别由国子监和各职能部门统辖。

宋代的地方行政划分为路、州、县三级，而地方官学只有州学和县学两级。宋代设置了主管地方教育的行政长官，置各路提举学事司，掌管一路州县学校，每年前往州县巡视一次，考查教师的优劣和学生的勤惰。中央还拨给地方官学学田，保证了学校的经费。

宋代最为突出的就是书院教育组织形式的兴盛。"书院"最早出现在唐朝，是读书的书楼，而在唐末和五代时期具有了学校性质，真正发展壮大是在宋代。据统计，宋代有书院七百多所，大致有官办、私办和官私合办三种形式，其学业程度可区分为高等和中等两类，高等相当于大学性质，中等相当于中学性质。书院除应天府书院（睢阳书院）外，一般选址在山林名胜之地，不少著名学者在这里讲学传道。吕祖谦曾说："某窃尝闻之诸公长者，国初斯民，新脱五季锋镝之厄，学者尚寡，海内向平，文风日起，儒生往往依山林，即闲旷以讲授，大率多至数十百人，嵩阳、岳麓、睢阳及是洞为尤著，天下所谓四书院者也"①。到了南宋，书院更加发达，几乎取代官学成为当时主要的教育机构。大理学家朱熹曾重修白鹿洞书院，为书院订立学规，亲自教授学生。书院经费自筹，管理自主，办学方针独立，课程设置自定，可以说办学非常灵活，具体而言之，有七个特点：第一，书院是教学机构，也是学术研究机构，教学活动和学术研究紧密结合，相互促进；第二，书院允许不同学派的学者莅临书院讲学传道，非常重视学术交流，特别是南宋以后书院盛行"讲会"制度，成为书院重要的教学形式；第三，书院可以自由听讲，其他书院和外地学生都可以旁听，书院为他们提供各种方便；第四，书院教学以学生个人读书钻研为主，十分注重培养学生的自学能力，发展学生的学习兴趣；第五，书院教学方式多采用问难辩论式，注意启发学生思维，提高学生能力；第六，书院内师生关系融洽，师生之间的感情相当深厚，教师更注重以自己的品德去感染学生；第七，书院会有一定的学规，教学的方向、方法和程序，都会制定在学规之中，让所有学生和老师都有规可依。书院不仅为政府培养了大批可用的人才，维护了封建统治，而且书院重视和提倡讲学的风气，影响了整个社会并积累了不少有益的经验，对后世影响巨大而深远。

在宋代的教育管理历史上，绝对不能不提朱熹，他是南宋时期理学思想的集大成者，他的教育思想和管理方法对后世有极大影响。他从事教育活动四十余年，做官每到一处，都大力提倡设立书院和州县学，并亲自讲学，他在任同安主簿时，开办县学，分有"志道""据德""依仁""游艺"四斋，并采取问答方式教学。他在知南康军时，重修白鹿洞书院，制定了著名的"白鹿洞书院揭示"，规定了教学的管理条例，并自任山

① 吕祖谦. 吕东莱文集·鹿洞书院记[M]. 北京：商务印书馆，1937.

长，培养了一大批优秀的学生。他在知潭州时，修复了岳麓书院，“先生穷日之力，治郡事甚劳，夜则与诸生讲论，随问而答，略无倦色，多训以切己务实，毋厌卑近，而慕高远，恳恻至到，闻者感动”①。朱熹还将受教育的过程分成小学和大学两个阶段，小学在8~15岁，大学从15岁开始。小学阶段学洒扫应对之事，大学阶段则明理修心。在德育管理方面，朱熹主张将道德思想灌输与道德行为训练结合起来，为此他还编写了《童蒙须知》，详细规定了道德行为训练的内容。对于教学管理，朱熹主张严立课程，循序渐进，所有这些都成为我国教育管理思想中的宝贵财富。

第四节　元、明和清前中期的教育管理

元代是蒙古族建立的统一政权，在教育方面采用了一些汉族教育管理方式；明代中央集权加强，采取了许多控制思想的教学管理方式；清代也是由少数民族建立的封建政权，统治者在教育管理方法上一面压制，一面笼络。

一、元代的教育管理

元代蒙古统治者吸取了宋代的教育管理经验，重视兴学以培养统治人才，但还是有民族特色的成分存在。

元代在中央设有国子学、蒙古国子学、回回国子学三种。国子学后改名为国子监，学额最初仅有八十名，后增至四百人，另设陪堂生二十人。学生不分种族，其资格限宿卫大臣子孙，卫士世家子弟及七品以上的朝廷官员子孙。优秀的平民百姓需经三品以上官的保举，才能当陪堂生。国子监设祭酒一人，司业二人，博士二人，助教四人，另有正录、伴读，分管教务和杂务。国子学还实行了“升斋积分法”和“贡生制”。“升斋积分”就是把学院按程度分别编入三斋，后改为六斋，东西相向。下两斋叫“游艺”“依仁”，程度最低，学习小学；中两斋叫“据德”“志道”，学习四书、诗律；上两斋叫“时习”“日新”，程度最高，学习五经，明经义。“贡生制”就是选拔优异的生员直接授予官职的制度。

蒙古国子学是从蒙汉官员的子弟中选优秀者入学，学官有博士、助教、教授、学正、学录、典书等，教材用蒙文教授《通鉴节要》，学成考试后，成绩优秀者可以授予官职。而回回国子学由翰林院伊普迪哈鲁鼎教授，文字用波斯文，专以培养翻译人才为目的，公卿大夫及富民子弟有入学的资格。

元代的地方官学按路、府、州、县四级设相应的学校，路学设有教授、学正、学录等官职，府学及以上中州各学各设有教授一名，由朝廷任命。除此外，元代地方官学还设有具有民族特色的蒙古字学、蒙古医学、阴阳学等。宋代的书院制到了元代逐渐官

① 朱熹. 朱子年谱(卷四)[M]. 北京：商务印书馆，1937.

学化,元代统治者采取提倡、扶持和加强控制的政策,朝廷给各书院的山长派以官衔,发给官方俸禄,书院的教授、学正的使用、任命和提升要由政府批准,书院已经成为巩固统治阶级政权的工具。

二、明代的教育管理

明太祖朱元璋出身寒微,在元朝末年的战乱中,他礼贤下士,设法罗致幕府,四处延揽知名人才担任秘书、顾问、参谋之职,这些人才辅佐朱元璋建立了明朝。朱元璋非常重视文化教育,采取了一系列更加有力的管理措施。

在中央官学中,明代设立了国子监、武学、四夷馆几种形式。国子监设有祭酒、司业、监丞、博士、典簿、掌馔、助教等官。国子监的监生有“举监”“贡监”“荫监”“例监”几类,“举监”就是在京城会试落地的举人,由翰林院择优送入国子监学习;“贡监”是由地方官学的生员选拔到国子监来学习;“荫监”是三品官以上的子弟或勋戚子弟入国子监读书;“例监”就是捐资给官府者,其子弟可以入国子监读书。国子监教学组织分为“正义”“崇志”“广业”“修道”“诚心”“率性”六堂,初等生员入“正义”“崇志”“广业”三堂;学习一年半以上,入“修道”“诚心”两堂;学习一年半以上,升入“率性”堂,毕业后即派相应官职。明代国子监所学习的内容是以“四书”“五经”为主,同时要读《性理大全》《说苑》《御制大诰》《大明律令》,此外还有习字、习射等。

明代的武学最初是附于卫学的武学科目,教导武官子弟,后来正式设立两京武学,入学资格以都司卫所应袭子弟年满十岁以上者,由提学官选送入学。武学分“居仁”“由义”“崇礼”“宏智”“惇信”“劝忠”六斋,设教授、训导各一人,管理教学相关事宜。而四夷馆是明代译书之所,并负有培训翻译人员的责任。

明代的地方官学也很发达,在全国的府、州、县设立相应学校,又在防区卫所设有卫学,乡村设社学,还在各地方行政机构所在地设置都司儒学、宣慰司儒学等有司儒学。最盛的时期,全国合计有学校一千七百多所。府学设教授、州学设学正、县学设教谕,各学皆设有训导。明代的书院极不发达,是因为明朝政府重视官学,提倡科举,书院也就可有可无了,明末时期官方还曾“禁毁书院”。

明代的科举制度更加完善,更加注重形式,规条更加烦琐。明代科举有童试、院式、乡试、会试、殿试。殿试发榜分为一、二、三甲,第一甲三人,分别称之为状元、榜眼、探花,赐进士及第;第二甲若干人,赐进士出身;第三甲若干人,赐同进士出身。

明代的科举考试采用八股取士,从四书和五经中命题,以八股制义为定义,在阐述的时候必须“代圣人立言”,并以朱熹的《四书集注》为标准答案,不允许有半点自有思想的发挥,同时,八股文必须采用固定格式的排偶体,字数也必须要由严格的规定,这使得科举考试更加形式化,束缚了人的思想,产生了恶劣的影响。顾炎武指出:

“天下之人惟知此物可以取科名，享富贵。此之谓学问，此之谓士人，而他书一切不观”“率天下而为速成之童子，学问由此衰，心术由此坏”[①]。

明代还有一位非常有名的思想家、教育家，那就是王守仁。他的教育思想是以主观唯心主义为基础，他的哲学思想就是“心即理”“致良知”。而他最为著名的教学原则和方法就是“知行合一”，提出了“真知即所以为行，不行不谓之知”的观点，强调了实践的重要性。

三、清前中期教育管理

在教育管理方面，清代教育制度基本沿用明代制度。

在中央官学设有国子监和特殊性质的宗学、旗学、觉罗学、算学等。国子监又称太学，设祭酒、司业满汉官员各一人，总理监务；监丞满汉各一人；博士满汉各一人；助教满十六人，蒙八人，汉六人；学正汉四人；学录汉二人；典籍汉一人，典簿满汉各一人。学生来源不一，一般由国子监直接收录的学生称为“监生”，还有“贡生”，“贡生”之中的“岁贡”是最正规的，有一定名额限定。国子监生分别编在率性、修道、诚心、正义、崇志、广业六堂学习，分内外两班，所学习科目有五经、四书、性理、习字等。清代中央还设有算学馆，满洲官学生六人，汉军官学生四人，令钦天监教导。后来以算学馆隶属于国子监，称为“国子监算学”。除国子监外，京城内还为贵族功臣子弟设立学校，名目繁多，有宗学、觉罗学、旗学等。

清代地方官学设有府学、州学、县学，统称为“儒学”，此外还有如商学、卫学等特殊学校。府学、州学、县学由官府配置教官，府学设教授、州学设学正、县学设教谕，各学均设有训导。清代还专门在各省设置专职学官，称提学道、提学御史或提学学政来管理地方的儒学。

清代的科举制度较前代更为繁杂。正式的科考仍然为乡试、会试、殿试，但在正式科考之前尚有童试。所谓童试就是地方县、州、府学的入学考试，也是获取秀才资格的考试。清代规定，读书人凡未取得秀才资格身份之前称为童生。童生经过县试、府试、院试及格者称为秀才。县试由知县主持考试，及格后需应府试，府试考官由管辖本县的知府担任，及格者再应院试。院试由中央派遣“钦命提督某省学政”主持，合格者称为秀才，获得了秀才资格方能参加乡试、会试、殿试的逐级考试。乡试规定三年一考，在省举行，凡属于本省的府、州、县学员与贡监生均可以参加考试。考试内容分为三场，每场考三日，第一场考《论语》《孟子》《中庸》各一文，五言八韵一文；第二场考五经各一文；第三场考策问五道，乡试考中者为举人。会试是各省举人在考中后，次年入京考试，考试内容与乡试大致相同，举人会试及格称贡士。殿试是科举考试的最后阶段，由贡士参加，先在保和殿举行复试，复试毕，举行名义上由皇帝亲自主

① 顾炎武. 日知录[M]. 武汉：崇文书局，2020.

持的殿试,考试内容为时务策一道。殿试钦定分为三甲,一甲三名赐进士及第,依次为状元、榜眼、探花;二甲赐进士出身;三甲赐同进士出身。殿试考中的进士,一甲三人可直接授予翰林院官职,二甲、三甲可再考翰林院庶吉士,叫做“馆选”,考中后入院读书,取得来年高爵资格,不中者另授其他官职。

清代科举考试除了上述正科考试外,还经常不定期增开许多特科,如“博学宏词科”“经济特科”“孝廉方正科”等,名目繁多,不胜枚举。总之,清代是封建教育管理的总结时期,为后来的“西学东渐”奠定了基础。

第五节 清末① 与民国时期的教育管理

1840 年是中国近代史的开端,传统的中国教育管理模式被逐渐打破,一批有志之士开始思考中国的出路,开始改革教育制度,直至“五四运动”爆发,中国教育改革出现历史性转折。

一、清代末期的教育管理

鸦片战争前的清朝闭关锁国多年,教育管理制度仍然沿用旧制,科举考试的腐败舞弊现象司空见惯,出题也多是毫无用处的偏题、怪题,中央和地方的官学大多名存实亡,对知识分子实行高压政策以控制思想,这些完全不适应世界潮流的发展。

1842 年,清政府与英国签订了中国历史上第一个不平等条约——《南京条约》,接着《望厦条约》《黄埔条约》纷纷而来,中国沦为了半殖民地半封建社会。外国列强凭借不平等条约兴办教会学校,对中国进行文化教育侵略。此时,清朝统治集团内部逐渐分为两派——顽固派和洋务派。顽固派是清统治集团中一些昏聩、僵化的贵族结成的政治集团,他们妄自尊大,仇视一切外国事物的传入,把一切科学技术都视为“雕虫小技”,只要是圣人没有说过的就一概反对。而洋务派是清统治阶级内部向买办转化的军阀官僚集团,他们在维护清王朝统治的基础上,对封建专制制度进行一定改革,要学习国外的“船坚炮利”,并在 19 世纪 60 年代至 90 年代,开展了一场以“自强”“求富”为口号的“洋务运动”。

“洋务运动”中遍设洋务学堂,一类是方言学堂、一类是军事学堂、一类是技术学堂。方言学堂主要是培养翻译人才,军事学堂培养使用洋枪、洋炮的士兵和军官,技术学堂培养使用和维修洋机器的人员和通信人员。其中,京师同文馆是我国最早的官办新式外语学校,课程以外语为主,兼有算数、化学、医学、生理、天文、物理等。同文馆的经费多由海关拨款,但海关税务司则由英国人赫德掌管,故学校的管理大权实际落入外国人手中。但新式学堂带来了新的学校管理方式:其一是招生范围扩大,凡

① 清末:这里是指 1840 年鸦片战争至 1911 年清朝灭亡的时期.

是符合条件者，不受门第出身的限制，都可以报考新学堂；其二，学堂正式录取前，须对考生进行入学考试和入校甄别；其三，部分新式学堂还设有在职培训课程；其四，实行担保人制度，即学校出于学业上和经济上的考虑，要求学生有担保人，如学生无故退学，则由担保人赔偿学校的损失；其五，学生分配制度开始实行，在新学堂毕业后，一般没有择业自主权，根据学以致用的原则，国家统一分配；其六，建立了严格的教育管理制度，在学生入学、转学、退学、升留级、课程设置、考试等方面都有严格的规定。而在教师管理方面，新式学堂也有许多创新，教师大多实行聘任制，录用前须签订合同，规定聘期，以便明确职责。

除了办新式学堂外，"洋务运动"还开启了公费留学的先河。洋务派派遣了不少留学生到英、法、美、日等国学习军事、技术和自然科学，其中最为著名的是容闳率领120名幼童留美，他们大多12~13岁，最小的只有10岁，我国近代著名工程师詹天佑就是这批幼童中的一员。留美学习的内容为西学，仍兼中学，即在国外除了学习军政、船政、步算、制造诸学外，还要学习《孝经》《小学》、五经等。每逢节日，就要由监督召集学生，宣讲《圣谕广训》，在重大节日还要对着清朝皇宫方向行跪拜礼、拜瞻孔子神像，以防丢了中国教育正统。

帝国主义的入侵加速了中国封建经济体制的瓦解，资本主义开始缓慢发展，官僚、地主和商人转化成民族资产阶级，他们开始提出改良的思想，并推行维新变法运动。维新派通过组织学会、兴办学校、设立报馆等办法来宣传维新思想，培养变法人才。如著名的万木草堂就是康有为在广州长兴里设立的，康有为自任总教授、总监督，还在学生中选三至六人为学长，分别在各科协助他教学。课程要中西兼学，除了中国经史子集之外，也包括自然科学与社会科学在内的西学，德、智、体、美兼而有之。

1901年，清政府与英、法、美等八个国家签订了丧权辱国的《辛丑条约》，阶级矛盾和民族矛盾进一步激化，为了缓和人民不满的情绪，维护清王朝摇摇欲坠的封建统治，清政府在这一年开始推行"新政"，包括废除科举制度，举办新式学堂，颁布新的教育管理制度等内容。1902年，清政府颁布了《钦定学堂章程》，这是中国近代教育史上最先制定的系统学校制度，又称"壬寅学制"。1904年，又颁布了《奏定学堂章程》，称"癸卯学制"。"癸卯学制"将整个学程分为三段七级：第一段为初等教育，分为蒙养院四年，初等小学五年，高等小学四年，共三级十三年；第二阶段为中等教育，仅设中学堂一级，五年；第三阶段为高等教育，分高等学堂（或大学预科）三年，分科大学堂三年到四年，通儒院五年，共三级十一年到十二年。"蒙养院"收三到七岁的儿童，每日受教育不超过四小时，教育内容有游戏、歌谣、谈话和手技。"初等小学堂"教授科目有修身、读经讲经、中国文字、算数、历史、地理、格致、体操八门，其中读经讲经课每周十二个小时，占全部课时的百分之四十。"高等小学堂"所修课程有修身、读经讲经、中国文学、算数、中国历史、地理、格致、图画、体操九门，其中修身每周二课时，教材以四书为主。“中学堂”学科有修身、读经讲经、中国文学、外国语、历史、地理、算学、博物、物理及化学、法制及理财、图画、体操，每周上课三十六点钟，其中读书讲经课时最多。“高等学堂”学科分为三类，第一类学科为预备入经学科、法学科、文学科、商学科等大学者治之；第二类学科为预备入格致科大学、工科大学、农科大学者治之；第三类学科为预备医科大学者治之。“大学堂”分设八科，又称为分科大学堂，分别是经学科、政治科、文学科、医科、格致科、农科、工科、商科。“通儒院”是全国最高学府，为分科大学毕业生升入。通儒院设在京师大学堂内，学习五年，以“造就通才”为目的。

为了更好地管理教育，清政府于1905年成立了学部，以后将国子监并入学部。学部最高长官为尚书，下有左右侍郎辅助，又有左右丞、左右参议、郎中、员外郎等事务官，在尚书侍郎之下处理具体事务。学部还设五司十二科，有总务司，包括机要、案牍、审定三科；专门司包括专门政务、专门庶务二科；普通司包括师范教育、中等教育、小学教育三科；实业司包括实业教务、实业庶务二科；会计司包括度支、建筑二科。

二、民国时期的教育管理

20世纪初的资产阶级革命派努力发挥宣传教育的作用，主张通过教育去启发民众的觉悟，唤起民众的革命热情，培养革命人才。他们通过演说、组织团体、创办报社进行广泛的社会教育活动，如兴中会、华兴会、光复会、日知会等。除此之外，革命党人还十分重视创办新型学校，其中最著名的是爱国学社、爱国女校和大通师范学堂。爱国学社由蔡元培为总理，吴稚辉为学监，章太炎为教员，学生分为四个班，实行学生自治，可以放言无忌，可以议论时政、演说集会，课程“重精神教育以自由独立为主，总理干事学监会计教师等皆由社友分举”。爱国女校是由蔡元培1902年在上海创办的，提倡男女平等，妇女独立，为辛亥革命培养了不少优秀的女革命家。大通师范学堂是1905年光复会领导人陶成章、徐锡麟等举办的，设体育专修科，六个月毕业，招收各处会党头目入学堂练习兵操。1907年由著名女革命家秋瑾主持校务。这所名义上是培养小学体育教师的学校实际上是浙江革命党人的一个重要据点和训练军事干部的阵地。

1912年1月1日中华民国宣告成立，1月9日成立中央教育部，蔡元培先生任教育总长，发布了《普通教育暂行办法通令》《普通教育暂行课程之标准》，并公布了《民国教育部官职令》，规定教育部下设普通、专门、实业、社会、礼教、蒙藏六个教育司，分管教育事宜，逐步对封建主义旧教育进行全面改造。1912年9月中央教育会议颁布了《学校系统令》，又称“壬子学制”。这个学制规定整个教育期限为十七或十八年，共分为三段四级。初等教育二级，初小四年，男女同学，高小三年，男女分校；大学六年至七年。小学之前有蒙养园，大学之上有大学院。除了这些普通教育系统外，还有师范教育和实业教育。

蔡元培曾担任过学堂学监、书院院长、公学总教习、南京临时政府第一任教育总长、北大校长、大学院院长等职。他有博大精深的教育管理思想,主张教育管理应该根据各地实际情况来实施;他提倡教育立法,在任教育总长期间,先后审定并颁布了《普通教育暂行法》《普通教育暂行课程标准》等;他反对专制式的学校管理,提倡用民主的精神管理学校,他的“教授治校”“兼容并包”的教育管理思想对后世有很大影响。

北洋政府大力推行复古主义教育。1915 年政府颁布“教育要旨”,把教育宗旨概括为“爱国、尚武、崇实、法孔孟、重自治、戒贪争、戒躁进”七项,基本复古了 1906 年清王朝公布的教育宗旨,实则是教育上的大倒退。1915 年北洋军政府相继颁布了《国民学校令》《高等小学校令》《预备学校令》,规定小学实行双轨制,一轨是实行义务教育的“国民学校”,学习四年,以劳动人民子女为对象;一轨是为升学办的“预备学校”,以有产阶级子女为对象,学习七年,附设在中学内。

在抗日战争和解放战争时期,中国共产党创办了一系列干部学校。在华北,晋察冀边区有华北联大、白求恩医大、军区军政干部学校、铁路学院、边区工专、农专、商专等。晋冀鲁豫边区有军政大学、新华大学。华中有山东大学。苏皖边区有教育学院、工专。西北有人民军政大学。东北设有东北军政大学、东北公学、中国医科大学等。

三、“五四运动”前后的教育管理

1915 年《青年杂志》创刊,后改名《新青年》,这是新文化运动开始的标志。

1915 年由各省教育联合会及特别行政区教育会派代表组成了“全国教育会联合会”。该联合会从 1919 年第五届年会起即开始讨论修改学制系统,经过三年讨论议决, 1922 年 9 月教育部召开全国学制会议,对全国教育联合会提出的学制草案进行了修改,并在十一月以大总统的名义公布实施,这就是著名的“壬戌学制”,一般又称“新学制”。“新学制”提出了适应社会进化需要、发挥平民教育精神、谋个性之发展等七项标准作为改革指导思想,以儿童身心发展为根据,将学制分为幼儿教育、初等教育、中等教育、高等教育几个阶段。1923 年全国教育会联合会公布了《中小学课程纲要》,规定小学设国语、算术、卫生、公民、历史、地理、自然、园艺、工用艺术、形象艺术、体育、音乐等科目。中学采用学分制和选科制。初中必修科目有公民、历史、地理、国语、外国语、算学、自然、图画、手工、音乐、生理卫生、体育等。高中采用综合中学制,分设普通科和职业科,普通科分文理两组。高中公共必修课有国语、外国语、人生哲学、社会问题、文化史、科学概论、体育等。这个“新学制”结束了辛亥革命后教育上的混乱状况,基本沿用至新中国成立。

1921 年 7 月伟大的中国共产党诞生了,灾难深重的中国人民看到了新希望,有了新依靠，从此，中国人民谋求民族独立、人民解放和国家富强、人民幸福的斗争就有了主心骨，中国人民从精神上由被动转为主动，中国教育也开始有了自己的管理者。为了更好地学习和传播马克思主义，培养党团干部，开展工农运动，中国共产党先后开办了如湖南自修大学、湘江学校、平民女学等在内的培养干部的学校。

广州除办有黄埔军校和农民运动讲习所外，国民党所属各部也开展了革命教育工作。1926 年 2 月广东国民政府设立教育行政委员会，许崇清任教育行政委员兼广东教育厅长，拟定了一个“教育方针草案”，提出了十四条具体纲领。教育委员会在 1926 年 3 月通过设立教科书编审委员会，4 月成立教育法规委员会，准备编审教材，制定教育法规。1924 年 5 月，中国国民党陆军军官学校（黄埔军校）成立，1926 年更名为中国国民党中央军事政治学校，孙中山先生任总理，蒋介石任校长，廖仲恺任党代表，周恩来任政治部主任。学校分步兵、骑兵、工辎、宪兵等科，后来又开设了政治训练班和军官政治研究班。

四、国内革命战争和抗日战争时期的教育管理

1927 年 4 月，国民党建立南京国民政府，10 月，中国共产党在井冈山创建农村革命根据地。1931 年苏区临时中央政府成立后，中央人民政府设立了教育人民委员部，部中设初等教育、高等教育、社会教育和艺术教育四个局。初等教育和高等教育两局协同管理普通教育，社会教育和艺术教育两局协同管理社会教育。1933 年 10 月召开了苏区教育建设大会，大会通过了《目前教育工作的任务的决议案》《苏维埃学校建设决议案》《消灭文盲决议案》《关于主席团分配工作调动干部的决定》，大会决定实施共产主义教育方针，统一劳动学校制度。

1931 年 9 月 18 日，日本帝国主义悍然发动侵华战争，中国共产党高瞻远瞩，提出建立抗日民族统一战线，提出了抗战教育的方针，“改变教育的旧制度、旧课程，实行以抗日救国为目标的新制度、新课程。实行普及的、义务的、免费的教育方案，提高人民民族觉悟的程度”。具体的管理政策有：第一，改定学制，废除不急需与不必要的课程，改变管理制度，以教授战争所必需之课程及发扬学生的学习积极性为原则；第二，创设并扩大增强各种干部学校，培养大批抗日干部；第三，广泛发展民众教育，组织各种补习学校、识字运动、戏剧运动、歌咏运动、体育运动，创办敌前、敌后各种地方通俗报纸，提高人民的民族文化与民族觉悟；第四，办理义务的小学教育，以民族精神教育后代。

在抗日根据地教育中，有大学教育、小学教育和社会教育。大学主要为大量的干部学校，其中最为著名的有抗日军政大学、陕北公学、华北联合大学、鲁迅艺术学院、延安大学、泽东青年干部学校等。而中等教育在各抗日民主根据地中发展不平衡，在华中、山东战前文化教育比较发达的地区，有一定数量的中学，在文化教育比较落后

的地区，中等教育主要是师范学校。各抗日民主根据地大力普及小学和社会教育，小学学制五年，课程主要有国语、算术、政治、自然、历史、地理、美术、劳作、音乐、体育等。

著名教育家是陶行知一生创办了多种教育组织，他每创办一所学校，必先建立学校董事会，他认为这是管理学校最好的组织形式，体现了民主集中制的管理方式，并规定董事会是学校最高权力机关，在校董会闭幕期间，校长代表董事会执行学校管理职责。董事会下设其他校务机构，如指导委员会、学生自治会、校风校纪委员会等，由此形成了一套体系完整、职责分明的学校管理系统。同时，陶行知还提倡学生自治，鼓励学生参与学校管理，甚至提出要把学生自治问题当成一件大事情来做，当成一个学问来研究。

第三章　学校管理

学校管理是伴随着学校教育的产生而产生的,是教育管理中的一部分,是为了提高学校教育的有效性而对学校资源和各种事务进行组织安排的活动。学校通过管理,把教育、教学、科研、后勤等各项工作及其组成要素结合起来,发挥整体功效,以实现对学生的培养目标和各项工作目标,科学、合理的学校管理将会为师生提供良好的工作和学习环境。

第一节　学校管理概述

学校组织是由人构成的,是人们为了实现教育目的而形成的群体组织,对学校进行有效管理决定了教育目标是否能够实现以及学校办学是否能够成功。

一、学校管理的内涵

学校管理,是学校管理者为了贯彻落实党的教育方针、政策,实现培养目标、提高教育质量,设计出合理、高效的组织结构和体制,对学校各种人力、物力、财力等资源进行合理配置并进行协调、控制、监督的一系列有效的活动过程。任何一所学校都始终贯穿两条主线:一条是学校的教育活动,即教育者根据一定的社会需要和受教育者身心发展特点所实施的促进受教育者身心发展的社会实践活动,这种活动主要通过教师与学生的相互交往与共同发展的教学活动来完成;另一条是学校的管理活动,这种活动是直接或间接作用于受教育者,主要通过对学校教育活动的计划、组织、指导、协调、控制、监督等实践活动来完成。学校培养目标的实现一方面要靠直接的教育活动来完成,另一方面要靠为教育活动的顺利开展创造条件的管理活动来完成。所以,有效的学校管理是促进教育活动、实现学校目标的重要手段。

谁是学校管理的主体?有人认为是学校领导,只有学校领导才有权管理学校。但随着管理理念的转变,现代学校管理理念认为学校的领导、教师、学生、家长均应是学校的管理者,共同承担着学校管理的责任。学校领导主要负责处理学校各项日常事务、学校环境建设、学校章程和制定制度、学校教育教学的运行;教职工有权参与管理学校,教师对学校的办学方向、教育改革及教学管理中的重大问题,对学校各级领导干部的奖惩、晋升、处分、免职都有建议权,对学校领导干部的工作有监督、评议权;学生自我管理的机构主要有学校的社团组织、学生会等,学生有权参与如学校食堂改进、图书馆建设等的管理;家长参与学校管理是学校实施民主管理的具体体现,家长有权了解学生在学校的各项表现及学校为学生创设的学习环境等。

学习、研究学校管理是为了发现和认识学校的管理规律;依据学校管理的规律科学指导学校的各种管理行为;找到依据规律管理学校生长点,使学校管理活动更加科学、有效。学校管理研究的内容非常广泛,主要的研究内容有学校管理理念、学校管理文化、学校领导体制、学校管理过程和学校管理资源等。

二、学校管理的原则

学校管理是一个系统的、复杂的工作。学校不同,对管理的要求也不尽相同,但学校管理也有一套系统的、完整的、可用的和师生都应遵守的管理原则。

(一)以育人为主的原则

学校是专门的育人机构,学校担负着传道、授业、解惑、培养人才的坚定使命。古今中外,所有学校概莫能外,如果不以育人为主,学校就没有必要存在。学校的工作大致可以分为两个方面:一方面是育人工作;另一方面是管理工作。育人是目的,管理是手段,育人活动的有效开展必须借助科学的管理,而管理活动的开展则必须以育人活动为依据。所以,学校管理要始终把育人工作放在首位,学校管理就是育人管理,育人是学校一切工作的出发点和归宿,只有坚持以育人为主,学校管理才不会偏离方向。

在学校管理中要坚决贯彻育人这个最重要的原则:首先,要树立安全第一的思想,在学校的一切工作中,要始终把学生的生命安全和健康摆在首要位置,任何学校都必须有完善的安全保障措施,以确保师生安全,如果没有安全这个大前提,育人工作就是一句空话;其次,要突出教育管理的位置,教育管理是学校具体育人活动的管理,学校育人的主要形式就是教学,学校管理者应该把主要精力用于教学管理;再次,要完善育人管理系统,这个系统主要指教学管理、班级管理、团队管理等,学校管理要建立、健全教务行政和教学研究系统,完善教学管理制度,科学组织教学工作全过程,确保教学工作在学校工作中处于主要地位;最后,要引导教师树立健康的育人观。育人观念是教师对育人工作的基本认识,这种认识会直接左右教师的育人行为,学校管理者要注意发挥管理的导向、评价和激励功能,引导教师树立正确的育人观。

(二)以教师为主的原则

办好一所学校,离不开人、财、物等办学资源,在这些办学资源中,唯有人是能动的因素,离开了人,一切资源都成了无用之物。学校是专门的育人场所,育人工作主要由教师来承担,离开教师,学校教育工作就无法开展,育人就变成一句空话。教育是人对人的影响活动,师生之间的情感作用在育人过程中具有不可替代的作用。任何一个学校,无论其具有怎样的优势,如果没有一支优秀的教师队伍,那其他任何优势都不会持久；反之，一所学校只要有了优秀的教师队伍，其他优势可以逐渐被显现出来。

要树立以教师为主的原则，首先要树立民主管理的理念，学校管理者要把教师真正当作学校的主人，真心实意依靠教师办学，提高管理透明度，让教师参与到学校管理中来，让教师享有一定程度的管理权。其次，要树立教师优先的观念，学校的一切优惠政策都应该向教师倾斜，特别是在教育教学业务上，应该注意倾听教师的意见，鼓励教师大胆创新。最后，要树立服务意识，学校管理者要主动为学校师生提供热情、周到的服务，为师生员工的工作和生活排忧解难，为教师创造良好的环境和条件，要放下架子，把自己与教师放在平等位置上考虑。

（三）以激励为主的原则

在管理过程中，管理者选择任何管理方法都要激发士气，而不是打击士气。因为人的任何行为都是以追求需要为目的的，需要是人的行为积极性的源泉，没有需要就没有人的行为。对于学校管理者而言，应该明白学校的教育者、教育对象都是人，教师工作的积极性在很大程度上要受制于管理者，而学生的学习积极性则在很大程度上取决于教师工作的积极性，学校管理者的管理方法是否得当，直接影响了教学质量。

所以，在学校管理中一定要努力贯彻以激励为主的要求，作为管理者要了解教职员工的需要，满足教职工的合理需要，要注意物质激励和精神激励相结合，并一定要注意公平。管理者在与教师交流、沟通时，要注意方式方法，切忌居高临下、简单粗暴、假大空。同时，学校管理者要善于建立和谐的学校人际关系，保持学校人际关系的纯洁性，避免拉帮结派。

（四）以效益为主的原则

效益就是管理活动的社会效果与价值，是管理水平和质量的体现。学校的教育工作是为了培养高素质的人才，教育教学工作是学校工作的核心和根本，学校管理工作就是要为教育教学工作保驾护航。教育活动虽然不是经济活动，但教育活动离不开经济活动，而经济活动的本质就是追求最大的产出。国家投入了大量资金支持教育，学校肯定应该注重管理的效益。作为学校管理者，就必须考虑让国家投入教育后，能培养出高素质的、走上社会后能以高产出回报国家的人才。

学校的管理要产生高效益，就必须要以质量为本，质量是效益的灵魂，没有质量就没有真正的效益。而学校教育质量最终体现为学生质量，教育的效益是通过学生走向社会后创造的业绩来体现的。作为学校的管理者要强调全员抓质量、全程抓质量、全面抓质量。

三、学校管理的过程

美国质量管理大师戴明认为，管理过程是由计划(Plan)、执行(Do)、检查(Check)和处理(Action)四个环节构成的，简称"PDCA 循环"或"戴明环"，管理的过程也是按照这个循环周而复始地运转。而学校管理也是由这四个基本环节构成的，但我国许多学者普遍认为应该将四个环节中的最后环节"处理"改为"总结"，因为学校管理更重视从检查结果中得出经验教训，为下一阶段工作的开展提供借鉴。这是一个相互联系、相互制约、循序渐进、首尾相连而形成的封闭性系统。管理过程如图 3-1 所示。

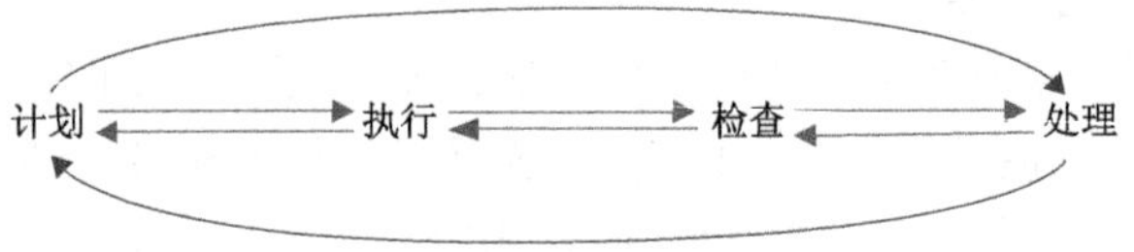

图 3-1　管理过程

(一)计划

计划是管理周期的起始环节，是根据组织外部环境与内部条件的分析，提出在未来一定时期内要达到的组织目标以及实现目标的方案。计划是组织、领导和控制等管理职能的前提和基础，并渗透到各管理职能中。没有计划，管理不仅毫无头绪，也没有效率可言。计划必须具有超前性、针对性、可行性，当然也应该具有弹性。

首先就要确定目标，学校管理工作的目标，包括教育目标和管理目标，目标的确定既要考虑国家统一要求，也要考虑每一个学校的实际情况。学校不同，工作目标应该有所差别；其次是拟订方案，方案是实现目标的设计，包括解决问题的途径、进度安排、资源配置等内容，方案可以多做几套，集思广益，以供选择；再次是做出抉择，面对多种方案，学校管理者应该从学校的实际出发，根据目标要求，进行比较研究，分析各种方案的利与弊，深思熟虑后做出决策；最后是制定措施，决策之后应该将方案具体化，周密策划，制定相应措施，确定具体工作项目和项目标准，拟定好各项工作的方法、步骤、时间和责任人等。

(二)执行

执行就是将计划付诸行动，把设想变为现实的过程。在学校管理过程中，执行环节是占时最长的，也是最复杂的，更是四个环节中最为重要的环节，没有执行，所有美好的设想都成了泡影，再完美的计划也只是一纸空文而已。

在计划的实施阶段，为了最大限度调动各方面的积极性，有效执行计划，最终实现目标，学校管理者在执行过程中要做好组织、监控、指导、协调、激励等方面的管理工作。组织任务的合理分配和人、财、物妥善安排,其中人的妥善安排是核心管理工作,要考虑人的特长,要将合适的人放在合适的位置上,还要考虑人际关系和人员搭配等问题。监控是要使教育、教学质量等全部因素始终处在受控范围内,监控的关键是质量监控,出现的偏差及时进行纠正,对出现的问题及时予以解决。指导是学校管理者对所属或部门、成员在工作上进行指点和帮助其,对于已经出现的问题,学校管理者应该对有关人员进行具体指导,帮助其修正偏离的目标,改进方法,对于不认真执行计划或忽视质量的现象进行批评教育。而有效的指导应该是指点而不说教、帮助而不代替、引导而不强加、批评而不压制,这样才能调动成员的积极性。协调是贯穿于实施阶段的一项重要管理工作,应该注意各组织、各部门之间的关系;注意学校各类成员之间的关系;注意人与事、事与事的关系。激励是学校管理者灵活运用精神和物质的刺激手段,激发学校成员的进取心,调动学校成员的主动性和积极性。学校管理者在采用激励手段时,应根据被管理者的特点,有选择、有针对性地采用激励方式,将精神奖励和物质奖励相结合,方能达到最佳效果。

(三)检查

检查是学校管理工作的必要环节,应该贯穿于整个管理过程,如果只有计划,而没有检查落实,计划就流于形式,得不到真正的贯彻实施。学校检查首先要检查目标的正确性,检查计划是否合理;要了解教学进度,及时发现问题,及时纠正;了解教职工在工作中的表现,不断发现和推广有效的工作方法。

检查是在计划实施一段时间后,将具体的实施情况与计划进行比较,检查是否按照计划进行工作或阶段性完成工作,以此评价计划决策的正确性和预见性;学校的管理者可以通过检查了解教职工执行计划的情况,培养教职工严谨认真的工作态度;通过检查可以对每一个阶段的情况进行分析,发现工作中的问题,进而指导和调整下一步活动的实施。

检查的环节首先要搜集信息,即要学校管理者及时、准确掌握学校各方面的工作情况,获得第一手资料;其次要诊断,即将搜集到的资料信息加工处理后,发现问题,了解其影响,分析问题产生的原因,找到问题的症结所在;再次是指导,即对已经出现和发生的问题进行纠正和指点,确保问题得以解决,确保工作按照计划正确实施;最后是评价,即对工作过程、工作结果、教职工的工作能力、工作态度、工作方法等做出大致的评定。有些学校还会根据评定给予教职工一定的表扬。

(四)处理(总结)

处理是学校管理的终结环节,主要是处理遗留问题,对执行环节进行有力补充,并对下一个阶段的工作起到启发作用。处理要针对检查过程中发现的问题采取具体的、恰当的方法进行纠正,消除隐患,弥补损失;对不恰当的工作目标、工作计划以及工作方法及时调整,使其更加符合学校的发展实际。

处理的环节主要包括总结和改进两个方面。总结是以检查为基础，用科学的方法对整个工作过程进行回顾和全面评价，总结经验教训，进而指导下一阶段的工作。通过对过去工作的总结和回顾，学校管理者能加深对管理工作的认识，探索管理规律，发现问题，促进工作水平的提高。而改进是用合理的方法及时消除发生问题的影响，从而减少或避免问题的再次发生。一般改进应该有以下几个步骤：明确问题、掌握现状、分析问题、拟定对策、实施改进、确认效果和总结教训等。

四、学校管理学

学校管理学是一门具有极强应用性、研究如何提高学校管理有效性的学科，是一门研究学校管理活动、揭示学校管理规律的学科。

中国是世界上学校教育及管理理论产生和发展最早的国家，早在两千多年前就诞生了教育理论专著——《学记》，比罗马昆体良的《论演说家的教育》早了三百年，比 17 世纪捷克教育家夸美纽斯的《大教学论》早了一千八百多年。我国古代许多教育家拥有非常丰富的学校管理思想，把学校管理作为一门单独的学科来研究是在 19 世纪末 20 世纪初。19 世纪后期，现代教育制度开始形成和发展，各类学校日益增多，学校管理备受重视，1904 年，清政府颁布了《奏定学堂章程》，规定了师范学堂必须开设“学校管理法”课程，并审定了教科书，这标志着学校管理学在我国的起步。辛亥革命后，一些学者在吸收西方学校管理理论基础上，结合我国学校管理实际情况，出版了一系列颇具影响的学校管理教材和著作，如蒋维乔和郭秉文的《学校管理法》、常导之的《教育行政大纲》、张季信的《中国教育行政大纲》、夏承枫的《现代教育行政》、杜佐周的《教育与学校行政原理》、罗廷光的《教育行政》。我国学校管理学真正发展是在 20 世纪 80 年代后期，学校管理学成为师范院校教育管理本科专业的主要课程，且学校管理学的内容日益丰富，学科的外延和内涵都有了很大的发展。

学校管理学是一门交叉学科，其功能是研究学校管理的基本原理，依此指导学校管理实践，由此决定了该学科具有以下几个特点。

第一，应用性。该学科要适应学校的现实需要，致力解决学校出现的种种实际问题，可以说实践是学校管理学产生的基础，学校管理学是从实践中来，形成理论后又对学校管理实践产生指导作用，应用性是学校管理学重要的属性。

第二，理论性。该学科致力于解决学校管理活动的奥秘，解答现实提出的种种问题，经过不断研究，构建出系统、科学的理论体系。

第三，综合性。该学科在自身发展基础上，广泛应用相关学科的成果，构成了较为完备的理论体系。学校管理学涉及教育学、管理学、心理学、社会学、经济学、法学等，这些学科也扩展了学校管理学的视野，丰富了学校管理学的知识。

第二节 学校组织管理

组织在人类社会存在与发展中发挥着巨大的作用,是社会活动的载体,有着发挥、聚合群众力量的作用,也有发挥沟通和教育作用。学校组织的建设既要遵循组织管理的一般原则,又要考虑学校组织的独特之处。

一、组织的相关概念

从广义上说,组织是指由诸多要素按照一定方式相互联系起来的系统;从狭义上说,组织就是指人们为了实现一定的目标,相互协作结合而成的集体或团体,如党团组织、工会组织等;从管理学角度说,组织是指一个具有明确目标导向和精心设计的结构与意识协调的活动体系,同时又同外部环境保持密切联系的社会实体。组织的分类可以按目标标准来分,如营利性组织、非营利性组织、公益组织、服务性组织等;也可以按决策集中水平分,如军事组织、准军事组织、非军事组织;还可以按组织正规化程度分,如正式组织和非正式组织。

组织结构是组织内部纵向各层次工作群体、横向各个部门的设置及其关系的总和,其是组织的框架体系,构成组织的基本形态。组织结构大致分为三个部分:第一是分工,即横向专业部门的划分;第二是纵向等级系统,包括权力层次系统和职责划分;第三是协调机制,包括制度规划、沟通网络与程序等。

组织系统是指组织发展、完善到一定程度,在其内部形成的结构严密、相对独立,并彼此传递或转换能量、物质和信息的系统。组织机构的形式就是指组织中权力关系的结构模式,即决策中心与下属部门,以及下属各部门之间的管理关系。加拿大管理专家亨利·明茨伯格认为,每个组织都应该包括几个组成部分:最高决策层,负责组织的战略决策和总体指挥事宜;中层管理部门,负责协调各方力量落实决策;基层操作部门,负责具体工作任务的实施和完成;技术支持部门,由组织内外专家提供有关各部门专业技术工作的咨询、指导;行政管理支持部门,由内外管理部门或人员对组织管理工作提供道义、物质或信息支持。

二、学校组织建设

学校组织比较一般的组织有着以下特殊性:在学校中,行政职位不是唯一的权力来源,学术影响也产生权力性,一些出类拔萃的教师是学校办学的灵魂;教师有较强的自律要求,需要得到尊重和理解,而不是一味靠制度强求教师;教师掌握丰富知识,也具有分析问题的能力,故教师参与学校管理的愿望和能力很强,学校文化氛围比较重视“民主”“平等”;学校中的人际关系重视感情。

经过多年发展,结合我国实际情况,最终形成了自己的学校组织体系和管理原则,而学校组织建设的原则主要有以下几点。

(1)精兵简政原则。学校的组织机构和工作岗位的设置,必须以提高学校工作效率为指导思想,坚持因事设岗,反对因人设岗。

(2)统一领导原则。管理工作中的最大忌讳就是"政出多门",多头领导就会出现决策和指挥不一致,造成命令混乱,下级无所适从。统一领导原则就是在学校工作中,只能设置一个指挥中心,下属只接受一个直接上级领导,并对其负责,管理者不可越级指挥。

(3)分工协作原则。学校在组织建设中要根据开展业务工作的需要进行专业分工,提高工作的科学性和效率,但同时也要建立有效的协作机制,使各个专业部门和人员分工不分家,彼此相互合作。

(4)职、责、权相一致原则。对于履行工作义务的人员来说,职、责、权是密不可分的整体,缺一不可,职务明确,任务和责任才能严格定位。

(5)建立监督机制的原则。没有监督的权力必然会出问题,为了保障学校重大决策的科学准确和防止领导干部渎职、腐败等现象的产生,应尊重教职工参与管理的民主权利,从组织和制度上加以保证。

(6)因地制宜的原则。每一所学校所处的地理位置、资源都不尽相同,故在设立组织机构和制定相关制度时,不应该千篇一律,照搬照抄某种模式,而应根据自己学校的实际情况设计出适合自己学校的组织结构。

除此之外,学校的组织文化建设是学校组织建设非常重要的环节。组织文化就是一所学校长期发展和活动中所积淀下来的、为全校成员所共同赞成和遵循的价值观念和行为方式的总和。文化是学校组织的"软性"结构,组织文化是一所学校的个性体现,是学校的精神代表。学校组织文化大致可以分为物质文化、制度文化、精神文化,具体应该包括以下几个方面的内容。

(1)成就目标与成就意识。学校要根据自己的条件,设定具有个性特点成就的目标。同时,学校是否鼓励人们的成就意识,工作氛围是否以教学和学术为中心,是学校文化的基本特色。

(2)成员对目标认同。这主要包括师生员工与组织目标保持一致的程度,承认学校团体利益,愿为学校发展付出努力的程度。

(3)对人的关注。教师的职业观、是否尊重人格、是否公正、是否有包容精神、是否有主动进取的精神等。

(4)对控制的态度与操作。控制是用于监督和约束学生与教职员工行为使之符合规定要求的管理行为,控制的文化冲突表现在如何处理执行制度与关怀人、尊重人、促进人的发展的关系。

（5）与社会环境的关系。这主要指学校是否勇于承担应负有的社会责任，将公众利益放在首位；是否具有开放态度，有远见地适应环境变化，不断革新等。

三、学校的领导体制

学校的领导体制是学校的组织制度，是学校管理由简单走向复杂的产物。没有领导体制，学校组织系统内的领导活动就不能正常进行。学校是为实现一定的教育目标而进行共同活动的组织，需要建立一定形式的领导体制，以维系学校成员的相互关系，有组织地开展学校育人工作。

（一）学校领导体制概述

在管理学中，体制指组织在机构设置、领导隶属关系和管理权限划分等方面的体系、制度、方法、形式等的总称，是管理各方面事务的规范体系。学校是为了一定教育目标而进行共同活动的组织，需要建立一定形式的领导体制，维系学校成员的相互关系，有组织地开展学校育人工作。

学校领导体制是确定学校内部领导力量的地位、作用、权责划分及彼此关系的根本制度。不同于学校的领导体制，学校的管理体制是管理学校的一套体系与规范，主要包括学校内部领导体制、组织结构、人事制度、工作制度、劳动分配制度等内容，覆盖了学校工作的方方面面。而学校领导体制只是涉及学校管理体制中学校领导力量权限划分的一部分。

（二）学校领导体制的演变

中华人民共和国成立后，我国中小学校领导体制经历了多次大变革。

（1）校务委员会制。新中国成立初期，各地学校建立起由进步的教职工和学生代表组成的校务委员会，校长由政府委派。这种制度对稳定学校秩序、发扬民主起到了积极作用，但这种集体领导的方式，容易导致出现工作无人负责的现象。

（2）校长责任制。1952 年，经政务院批准，中央教育部规定中小学实行校长负责制，设校长一人，负责领导学校全面工作，学校一切重大问题、行政事务都由校长决定。这种体制加强了学校行政领导，但容易造成校长独断专行的局面。

（3）党支部领导下的校长负责制。1958 年，中共中央、国务院发布《关于教育工作的指示》，文件指出"一切中等学校和初等学校也应放在党委领导之下"。此后中小学普遍设立党支部，实行党支部领导下的校长负责制。这种体制对加强学校思想政治工作起到一定的作用，但是容易出现党政不分、以党代政的现象。

（4）当地党委和教育行政部门领导下的校长负责制。1963 年，中共中央印发《全日制中学暂行工作条例（草案）》和《全日制小学暂行工作条例（草案）》，其中明确指出："校长是学校行政负责人，在当地党委和主管教育行政部门领导下，负责领导全校工作。""学校党支部对学校行政工作负有保证和监督的责任。"这种体制保证了党对学校领导的同时，也加强了校长管理学校的职能。

（5）革命委员会制。“文革”期间，学校领导体制非常混乱，工宣队、军宣队、农宣队纷纷管理学校，后来又成立了以造反派组织头头为主的革命委员会，取消了校长为首的行政组织结构，从根本上破坏了党对学校的领导。

（6）党支部领导下的校长分工负责制。1978 年全国教育工作会议后，教育部颁布了《全日制小学暂行工作条例（试行草案）》，规定全日制小学“实行党支部领导下的校长分工负责制，学校的一切重大问题，必须经党支部讨论决定”。这一体制为整顿恢复“文革”以来学校正常教学秩序起到了重要作用，但其混淆了党政工作界限，使校长有责无权，党支部有权无责。

（三）校长负责制

校长负责制是管理理论所倡导的民主管理、权责一致原则的体现，也是学校管理理念的真实反映。20 世纪 80 年代，改革开放开始实行，各行各业都发生了翻天覆地的变化。在教育界，针对历史上中小学经历的多种领导体制，1985 年中共中央发布的《关于教育体制改革的决定》和 1993 年中共中央、国务院发布的《中国教育改革和发展纲要》都提出了“学校逐步实行校长负责制”和“中等及中等以下各类学校实行校长负责制”的要求。

校长负责制是校长对学校工作全面负责，党的学校基层组织保证监督，教职工、学生及家长、社区组织参与民主管理与监督的学校领导体制。具体而言，校长是学校行政负责人，是学校的法定代表，具有决策权、人事权、财经权、培训权和建议权等；党的学校基层组织是学校的政治核心，对学校工作有保证监督的作用，具有参与决策权、监督权、思想教育权和群团工作领导权；教职工代表大会是党的学校基层组织领导下的学校民主管理机构，是校长负责制的重要实施机构，具有审议权、建议权、提案权、决议权和监督权；学生及家长、社区组织是现代学校管理的重要主体，有权参与和监督学校管理，具有建议权、知情权和监督权等。

四、学校组织机构

学校组织机构大致可以划分为学校行政性组织机构和学校非行政性组织机构。

学校行政性组织机构大致有以下几类。①学校行政领导班子，即校长、副校长、党委书记和工会主席等组成的学校领导集体，要全面负责学校各项行政工作。②学校办公室，由办公室主任、秘书和干事等组成，负责协助校长处理日常校务工作。③教务处（教导处），一般由教务处（教导处）主任、副主任和成员组成，负责协助校长组织领导学校教学业务和学生思想工作。④总务处，由主任、副主任、会计和出纳等组成，负责协助校长组织后勤事务工作。⑤教研组，即各学科教学研究组织，是学校的基层教学活动组织，由同学科的教师组成，一般设组长和副组长。

学校非行政性组织机构大致有以下几类。①党支部(党总支),主要是抓好全校师生的思想政治工作,对校长行使的权力进行监督等。②群众团体,包括教职工代表大会、学校工会、共青团和少先队等。③研究性团体,一些学校成立了有关研究性组织,如教学研究会等。这些组织要依法维护教职工和学生的合法权益。

第三节　学校管理方法

学校管理说通俗一点就是如何管理学校,也就是学校管理的手段问题。学校管理者能否认真研究并正确运用学校管理方法,直接关系自身管理工作的成败。凡是比较出色的学校都与成功运用学校管理方法有关。

一、学校管理方法概述

管理活动其实就是采用一定的、合理的方法,协调和控制管理中的各项活动;管理活动实质上是一系列管理方法的创造和运用的过程;管理方法是渗透在一切管理活动之中的,复杂的、有层次的大系统。学校管理方法是学校管理者为了实现学校管理的目标,开展学校管理活动所采取的各种手段、措施和途径。学校管理方法使用恰当,学校管理工作就会事半功倍。

学校的管理有着特殊性,学校的管理方法也有自身的特点,具体表现在以下几方面。

(1)目的性。学校管理是一种有目的的活动,不同的学校教育目标和管理目标会有不同的管理方法。由此,学校管理方法是为实现学校管理工作目标服务的,每一个采用的管理方法都会有很强的、明确的针对性。

(2)多样性。学校有学生、老师、行政人员、教辅人员、后勤人员,针对不同的管理对象,应有不同的、多样的管理方法,即使是同一类对象,根据具体情况不同,也应有不同的管理方法。为了解决某个问题或处理好某项事务,有时需要一种管理方法,有时则需要选取多种方法交替使用。

(3)灵活性。学校管理方法的运用要根据工作的目的、对象、时间、空间等各种客观条件灵活掌握、运用多种管理方法。但必须注意的是,不能把管理方法的灵活视为随意,而应在管理原则指导下进行最佳选择。

二、学校基本管理方法

学校管理者在明确目标和任务后,一定要在正确的原则下,慎重研究管理方法,以确保学校管理活动的顺利进行。学校管理的基本方法也就是各学校通用的、公认的一般学校的管理方式。学校管理基本方法主要有以下几种。

(一)行政方法

行政方法是依靠学校行政组织及其管理者的权力和威信,运用命令、指示和规定等手段,通过学校组织系统对师生员工进行管理的方法。一般来说,行政方法主要有强制方式、说服方式和示范方式三种形式。行政方式就是运用行政手段,如命令、指示、制度和规定等措施进行管理;说服方式就是管理者通过启发、协商和讨论等方式,使被管理者接受自己意图的方式;示范方式就是管理者以自己示范行动或通过树立典型,宣传先进人物等手段去影响和感染教职工的方法。

行政方法最显著的两个特点就是权威性和强制性。行政方法依据的是学校行政组织及其管理者的权力和威信,权威性越大,行政方法就越有效,越容易贯彻实施。特别是一些有人格魅力的、能力突出的、深受大家赞许的管理者,教职工接受程度就越高,不令而行的可能性就越大。而学校及其管理者在管理中所使用的命令、指示和规定等行政手段,对学校的所有成员都具有强制性,要求学校成员必须遵循,如果有不服从者,学校管理者有权采取相应的制裁措施。

行政方法借助行政权力,有利于学校管理统一、步调一致,有利于全局发展,能灵活有效地组织各种管理资源和管理职能,充分发挥各管理职能的作用。但这种方法强调集权,强调下级完全听命于上级,下级总是处于被动的地位,下级的积极性、创造性不能充分发挥出来。同时,这种方法容易出现独断专行、一言堂、家长式的官僚作风,如果遇到一个高素质管理者,工作效率就很高,如果遇到低素质管理者,那管理效果和后果不堪设想。

(二)教育方法

教育方法是通过宣传、解读、沟通和示范等方式,对师生员工进行确定的、有目的、有系统的感化、劝导和教育,使他们提高认识、自觉性和效率的一种方法。这种方法主要通过摆事实、讲道理,用正确的价值观去引导和启发师生员工,使他们通过思考,自觉产生一种服从的意识,从而改变自己的工作态度,提高自己的工作效率。

教育方法特别注重成员之间的思想沟通,注重形成成员之间相互理解、相互关心的局面,加强学校内部的团结,减少不必要的矛盾,这种方法从改变教职工的认识入手来改变教职工的行为,可以使教职工明道理、辨是非、化心结,容易形成崇高的理想和责任感,从根本上解决问题。但这种方法是通过思想因素间接影响人的行为,不能直接左右人的行为,所以见效慢,约束力也不强。

(三)法律方法

法律方法是依照国家的有关教育法律、法令、条例等规范性法律文件对学校的工作进行管理的方法。要运用好法律方法,就要树立法律至上的意识,尊重法律基本价值观,敬畏法律权威,按照法律规范管理行为,把一切管理方式、管理手段的运用都纳入有法可依的轨道，真正用法律来维护、保障学校及其师生员工应当享有的合法权益。

法律方法具有权威性和强制性两个重要特征。法律作为统治阶级意志的集中体现，已通过法定程序上升为国家意志，因而法律方法的权威性高于行政方法的权威性，是具有普遍意义的权威性，无论是国家机关、各级组织、社会团体、群众组织、个人都必须服从，任何组织或个人都必须接受，如果拒不接受，不遵守，或违反法律法规，就必然受到法律的严惩。运用法律方法实行行政管理，实质就是运用法律法规的权威性和强制力量，规范所有人的行为，支配人们的行动。

法律方法权威性大，赏罚分明，能有效调节人的行为，有利于加强对行政管理对象的制约，保证学校工作的有序性和条理性，提高行政管理效率。但法律方法对某些实际问题的处理缺少弹性和灵活性，不利于一些特殊问题的解决和处理，容易导致某些人思想僵化，使管理者和被管理者的主动性受到抑制。

（四）经济方法

经济方法就是按照一定的经济利益分配的原则，运用资金配置、工资、奖金等经济手段，对学校工作和教职工进行管理的一种方法。随着我国市场经济的发展，学校使用经济管理方法来管理越来越广泛。物质利益是教职工认真工作的主要目的之一，也是重要目的之一，承认教职工个人工作所包含的物质利益及其差异，并将其作为调动教职工工作积极性的重要手段，是学校经济管理方法的本质特征。学校管理者运用经济方法管理学校，就是兼顾学校组织和个人利益，在保证学校组织利益的前提下，重视和满足教职工的正当、合法经济利益，以此促进学校发展和个人需求满足。

运用经济方法管理学校可以充分调动教职工的积极性和主动性，效果明显，但经济方法仅以满足人们的物质利益为前提，不能解决学校管理中的所有问题，如师德建设、文化建设等就难以用经济方法来解决。经济方法如果使用不当，会造成只注重个人或小团体的经济利益，而忽视学校集体利益。

三、学校特殊管理方法

学校的特殊管理方法是从某个角度入手，或追求某个特殊的目的而使用的方法。

（一）目标管理方法

目标是为了某种行动所制定的预期结果，没有目标的行动是盲目的，没有目标的管理也是盲目的。目标具有导向、激励和调控作用。而目标管理就是将制定的总目标分解落实到每一个部门、每一个员工，由此规定每一个部门或员工的职责范围，并以此评价其工作成果的管理方法。其大致的过程可以分为制定目标、实现目标和绩效考核等三个阶段。

学校的管理目标就是学校管理工作所要达到的预定目标，是实现教育目标的手段，没有学校管理目标的实现，学校教育目标就难以实现。学校目标管理以学校工作目标为导向，以实现学校工作目标为唯一的追求，其强调系统管理、自我管理和绩效管理。

学校目标管理大致可以分为目标制定、目标分解、目标实施和目标结果评价等几个阶段。目标的制定是实施目标管理的第一环节，过程包括调查研究、草拟目标方案和论证目标方案并最终确定目标等步骤。目标分解是在目标确定后，分解成部门目标和个人目标，并签订目标管理责任书，而分解的目的在于更好落实任务、明确责任。目标实施是学校管理目标分解到部门和员工后的实施阶段，这个阶段要制定实施计划、进行目标实施前准备、目标实施过程中的反馈控制等。最后一个环节是目标实施结果评价，这个阶段要总结全年目标实施过程，要对目标成果进行评价，要根据评价结果进行奖惩等。

（二）质量管理方法

学校的教育质量包括育人结果的质量和育人过程的质量。学校教育质量管理是学校教育质量的全面管理，是为保证学校教育质量，由学校全员参加的，对学校各项工作全过程进行管理的一系列程序和方法的总称。

学校教育质量管理的过程大致有确定质量标准、开展质量检查、进行质量分析和实施质量控制四个环节。确定质量标准是教育管理的第一环节，有了质量标准，才谈得上质量管理。学校质量管理标准主要包括学生质量标准和学校工作质量标准两个方面。质量标准确定后，需要对照所确定的质量标准对学生质量和学校工作质量进行检查，找到现状与标准的差距，为质量分析和质量控制提供有效数据。第三个环节是要对检查所得的数据资料进行科学分析，得出正确的评价结论，为采取正确的质量控制措施提供依据。实施质量控制是教育质量管理的最后一个环节，也是最困难的环节。教育质量控制就是依据教育质量标准，通过质量检查和质量分析所得到的信息，对教育教学活动进行有序调控，使教育质量朝着预定目标方向发展。

（三）计划管理方法

计划管理方法是一种行之有效的，被我国学校管理所采用的主要管理方法。学校计划管理是用计划去组织、指导、协调和控制人们的活动，以实现学校目标的一种管理方法。学校计划管理对必须做什么、谁来做和时间完成等都做出了明确的规定，对计划所涉及的人员具有直接的约束力，学校各部门、各层级有关人员，可以按照有关计划的要求协同努力，为实现学校目标而共同奋斗，从而减少工作的盲目性。

学校计划管理过程主要分为计划的制定、计划的执行、计划的执行情况的检查和总结。计划的制定又包括计划制定的原则、程序和方法等内容，要求遵循整体性、可行性、灵活性和可检测行等原则进行。第二个环节是计划的执行，要充分发挥计划的指导和协调作用，及时做好准备工作。第三个环节是对学校计划执行情况进行检查，目的在于了解计划的执行情况，找出计划与实际工作难以吻合的原因，为改进计划提供数据。最后一个环节是总结，总结工作过程中的教训，将经验教训上升为规律性认识，为下一个循环计划管理工作质量的提高提供条件。

第四章　教师管理

教师是向学生传递人类积累的丰富的文化科学知识和进行思想品德教育的专业人员，是人类社会进步和人类文明发展的桥梁和纽带，是人类灵魂的工程师，是学校教育教学工作的中坚力量，教师在学校教育教学中的重要性决定了教师管理在学校管理中的重要地位。

第一节　教师管理概述

“教师”一词最早出现在《学记》中：“教师者所以学为君也。”在《学记》中也最早提到了如择师的标准、对教师的教学要求等教师管理方面的要求。现代学校诞生以后，教师管理也日益受到重视。

一、教师管理内涵

教师管理是学校对教师教学、科研活动进行组织、协调、安排、控制的总称。学校管理人员在党的教育方针指导下，按照一定的标准，运用不同手段，有目的、有计划、有组织地对教师教学、科研活动进行管理，从而将学生培养成为现代化建设的合格人才。一般来说，现代教师管理的基本内容主要包括教师的任用、教师的评价、教师专业发展的领导和教师的激励几个方面。

教师管理是学校管理的重要组成部分，是教育改革成功的重要保障，是教师成长发展的重要条件。教师是学校最基本的组织元素之一，在学校教育过程中，教师要根据政府和学校的要求以及学生身心发展的规律和特点，创造性贯彻执行教育教学计划，有计划地对学生进行教育和培养，从而为社会培养合格的公民。为了能充分调动教师工作积极性，保证教育教学质量，学校必须制定相关的教师管理制度和规范。教师是新的教育思想、新的教育方法和新的教育措施的最终贯彻者和执行者，也是教育改革的急先锋，教育改革的成功需要多种条件来作为保障，其中教师是关键。同时，教师的成长与发展一方面有赖于教师自己的学习和提高，另一方面也取决于政府和学校为教师的专业成长所提供的客观条件。

教师管理的核心价值在于以教师为本，促进教师的发展。学校管理之所以倍加重视以教师为本的理念，是因为教师个体的创造性需要在自由轻松的环境中释放并发展。故教师为本的管理理念不仅能促进教师的自我实现，而且能促进学生个体的自我实现。以教师为本，实际上就是以教师的发展为本，教师的发展是教师作为人的全面发展，包括教师的自由发展、教师的个性发展、教师的情感发展等。

二、教师管理的任务

教师管理的任务主要是合理组织教师队伍，提高教师素质，为教师工作学习提供各种服务，充分调动教师的工作积极性。具体而言有以下几项主要任务。

（1）根据国家对教师的要求和教育主管部门的具体规定，结合学校实际，选聘合格的优秀教师。

（2）根据学校工作需要和教师的专业成长特点，合理安排教师的工作岗位，将合适的人放在适当的位置上。

（3）制定教师岗位责任制和其他各种必要的管理制度，落实教师的职责要求。

（4）创造和谐的、适合教师工作的环境，为教师的学习、工作、生活提供必要的条件。

（5）制定教师培训计划，用多种形式提高教师的业务水平。

（6）按照管理部门的相关规定，做好教师的考评、职称评审和劳务报酬等工作。

三、教师管理的基本特点

教师不同于体力劳动者，又有别于医生、工程师、报刊编辑、文艺工作者等其他脑力劳动者，这要求管理教师的方式方法也应当具有与教师工作相适应的特点。

首先，教师的日常管理要灵活，不能搞硬性“八小时”工作制，不能像管理公司一般实行上下班打卡，而应该开放教师的时间与空间，让教师选择最有利于提高工作效率的环境，最大限度发挥教师的工作潜能。要充分发挥教师的创造性，不能单纯以学生的成绩优劣来评价教师工作的好坏，而是要全面、综合地评定教师的工作成绩。

其次，在教师管理过程中，要邀请教师参与其中，发动教师参与学校大事的讨论和决策，发扬民主精神，集思广益，增加教师的认同感和责任感，发挥教师的聪明才智，让教师真正成为学校的主体。

最后，在教师管理制度上要注意精神与物质相结合，在奖励教师和评价教师的时候，要以精神奖励为主，以物质奖励为辅，将精神奖励和物质奖励相结合。

四、教师的职责

教师要发挥好自己的作用，就必须履行好教师的基本职责，具体表现在以下几个方面。

（1）遵守国家法律法规。教师要按照《中华人民共和国宪法》《中华人民共和国教师法》（以下简称《教师法》）所确定的目标完成教育教学任务，要执行国家教育方针，促进学生德智体美劳全面发展。

(2)提高教育教学质量，是教师工作最基本的职责。《教师法》规定，教师要贯彻国家的教育方针，遵守规章制度，执行学校的教学计划，履行教师聘约，完成教育教学工作任务。要提高教育质量，就要提高教师的专业水平，在工作中不断提升自己和充实自己。

(3)参与监督学校管理。教师不仅要接受学校工作的统一安排，而且要介入学校的管理工作中，参与学校管理。教师参与学校管理的过程，也是监督学校管理的过程，参与及监督学校管理都是教师的权利。

(4)促进学校与社区的沟通合作。学校是社会子系统的组成部分，学校与所在社会之间有着非常紧密的联系。教师是沟通学校与社区关系的最佳中介，教师工作的舞台不仅在课堂上，而且涉及学校之外的社会空间。

第二节 教师的任用

任用教师就要科学地预测、分析教师的供给和需求状况，制定必要的政策和措施以确保学校在需要的实践和需要的岗位上获得需要的人才。一个优秀的学校要制定出适合本校教师发展的近期和远期教师任用规划。

一、教师的编制制度

教师编制制度是指教育机构中教师数量的定额和职务的分配规则。教师编制是教师管理的基础，决定着教师资源能否可持续发展。因此，教师编制的管理也有着重要的意义。

1984 年 12 月，教育部发布了《关于中等师范学校和全日制中小学教职工编制标准的意见》，其中就按标准班级数核定中小学教师编制。2001 年，国务院办公厅转发中央编办、教育部、财政部《关于制定中小学教职工编制标准的意见》，按照在校学生数核定中小学教师编制，其核定教师编制的一个关键指标就是师生比。师生比反映了一个国家教育资源和师资配备的使用效益，师生比小，表明教师数量和教育经费不足；师生比大，则表明政府对教育的投入较大。当然，因为地区差异，城乡之间教职工编制标准是有较大差异的。因此，国家提出："逐步实行城乡统一的中小学编制标准，对农村边远地区实行倾斜政策。"①

每所学校根据所处地区、自身情况不同，在教师编制的质量管理方面都有着较大的发挥空间。学校编制管理应当通过对教师队伍的结构性调整使教师编制在质量上

① 顾明远，石中英.《国家中长期教育改革和发展规划纲要 2010—2020》解读 [M]. 北京：北京师范大学出版社，2013.

得到优化，而不能被动地接受行政部门的定编，教师编制的多少要视本校的实际情况来定。

二、教师资格制度

教师资格制度指国家相关机关依法授予申请者从事教师职业的权利并对其进行管理的行为规则。教师的职业具有很强的专业性，只有具备教师资格，才有条件受到聘任。

《教师法》第十条规定："国家实行教师资格制度。中国公民凡遵守宪法和法律，热爱教育事业，具有良好的思想品德，具备本法规定的学历或者经国家教师资格考试合格，有教育教学能力，经认定合格的，可以取得教师资格。"1995 年 12 月，国务院颁布《教师资格条例》，对教师资格的分类与适用、教师资格的条件、教师资格考试、教师资格认定等都做了相关规定。《教师资格条例》第六条对取得教师资格的条件做了规定："教师资格条件依照教师法第十条第二款的规定执行，其中'有教育教学能力'应当包括符合国家规定的从事教育教学工作的身体条件。"2000 年 9 月，教育部发布了《〈教师资格条例〉实施办法》，对教师资格的管理做出明确而具体的规定，规定国务院教育行政部门负责全国教师资格证书制度的组织实施和协调监督工作，县级以上地方人民政府教育行政部门根据《教师资格条例》规定权限负责本地教师资格认定和管理的组织、指导、监督和实施工作。

教师资格制度实施以来，教师地位上升，师资来源日趋多元，教师的学历层次也大幅度提高。《中共中央国务院关于深化教育改革　全面推进素质教育的决定》中指出，调整师范学校层次和布局，鼓励综合性高等学校和非师范类高等学校参与培养、培训中小学教师的工作，探索在有条件的综合性高校中试办师范学院。

三、教师的聘任制度

教师聘任制度是学校按照相关规定和需求与具有教师资格的公民之间，基于平等、自愿的原则，订立关于双方的权利与义务，以签订聘任合同的方式聘请具有教师资格的公民担任相应教师职务的行为规则。在 1993 年颁布的《教师法》中规定："学校和其他教育机构应当逐步实行教师聘任制。教师的聘任应当遵循双方地位平等的原则，由学校和教师签订聘任合同，明确规定双方的权利、义务和责任。"

实施教师聘任制是通过建立公开平等、竞争择优、能上能下、能进能出的用人制度，破除教师终身制，形成持续有效地调动教师积极性、优化教师队伍、提高教育教学质量和办学效益的认识管理机制。真正的教师聘任制主要有以下几个特点。

（1）双方地位平等，双向选择。学校有权选择或不选择某教师上岗，教师也有权接受或拒绝接受聘任。

(2)要以岗位需求和教师职务为基础。能否聘任某一位教师,首先取决于是否有岗位,其次取决于应聘的教师是否具有相应的职务和胜任该岗位的工作能力。

(3)签订聘任合同。学校与教师签订聘任合同,明确规定双方的权利、义务和责任,规定教师所担任的职务、任期和享有的报酬和福利待遇,并按合同对教师实施管理和考评。

教师聘任是一个完整的制度体系,主要包括以下几个方面的内容。

(1)公开招聘制度。学校实行在用人上的公开、公正、公平原则,一般程序是发布招聘信息,然后筛选简历并进行资格审查,接着组织面试或考试,按照择优录取原则选出拟聘人员并公示,最后签订合同。

(2)竞聘上岗制度。学校要根据自身情况和发展要求,科学合理设置各级各类岗位,明确岗位职责、任职条件和聘任期限,通过竞争上岗的方式产生聘任人选。

(3)聘用合同制度。教师应与学校在平等、自愿、协商一致的基础上,签订聘任合同,以契约形式明确双方的权利和义务,合同要求详尽,并体现不同岗位的不同要求。

(4)定期考核制度。学校应以合同为依据,对受聘人员履行岗位职责、完成工作任务的情况进行年度考核和任期考核。

(5)解聘辞聘制度。学校可以按照合同解聘受聘人员,受聘人员也可以按照合同辞去职务。

(6)监察检查制度。教育主管部门应不定期对学校的聘任工作进行检查,对违反规定程序和要求的聘任要责令整改。学校和受聘人员发生争议的,由双方平等协商解决,也可向教育主管部门申请协调和依照有关规定进行仲裁。

四、教师专业化

教师工作既是一种职业,也是一种专业。教师职业经历了一个漫长的发展过程后,才成为一种专门化的职业。职业是个人为获取主要生活来源而从事的社会性工作类别;专业就是一群人在从事一种需要专门技术的职业,需要特殊的技术来培养完成。专业是一种职业,职业不一定是专业。教师职业化、专业化是一种相互促进的关系:一方面,教师的工作是在职业化的基础上对更高的专业服务水平和效果的追求;另一方面,教师的专业化也会进一步推动与促进职业化,使教师的职业地位和职业声望得到巩固。

教师专业化就是教师在整个职业生涯中,通过终身专业训练,提高教育技能,体现专业精神,由普通教育工作者逐步成长为优秀教育工作者的专业发展过程。教师专业化贯穿于整个教师生涯中,其发展过程不仅是一种认知过程,同时还包括感情、价值、需要等多方面变化的动态过程。其内容包含专业知识技能、专业精神、专业能力、专业道德等，教师职业专业化要求如表4-1所示[①]。

表4-1　教师职业专业化要求

项目	主要内容	地位与作用
专业精神	认识教育事业的重要性；形成对事业的责任感；具有乐业、敬业和为专业奉献的精神	做好教师工作的重要保证；教师教育人格和伦理的核心组成
教育理念	对教育工作本质的理解；关于教育的观念与信念	新型教师的重要特征；"工匠型"教师与"专家型"教师的主要区别；对教师工作具有基础性价值
专业知识技能	较宽广的科学和人文素养；当代重要的工具性学科的知识与技能；有1至2门学科专业知识和技能；教育学科知识和技能	教育工作成功的知识性和技能性保证
专业能力	社会交往能力；组织管理能力；教育研究能力	新型教师的重要特征
专业智慧	感受、判断新状态、新问题的能力；把握教育时机和转化教育矛盾、冲突的机制；迅速做出决策和选择，根据实际对象、情景和问题，改变教育行为的魄力	上述诸方面专业要求总和实现的产物；教育经济激烈竞争的结晶

教师专业化受到社会、学校和个人等多种因素的影响，教师专业化既是政府的责任，也是学校和教师个人的责任。就政府责任而言，政府应该制定教师专业化标准，完善教师资格制度，加大教师培训力度，提升教师待遇。就学校责任而言，学校应该制定教师专业发展规划，创新教师专业发展评价机制，创造宽松和谐的工作环境。就教师个人责任而言，教师应该树立自主发展意识，制定好自己的职业生涯规划，选择恰当的发展路径与策略。

第三节　教师的评价

教师评价在教师管理中具有重要的作用，其可以用来作为人员晋升、工作反馈、岗位调整、解聘续聘等的重要依据，可以借此了解教师的工作能力，也可以用来设计有效的培训计划。

一、教师评价概述

教师评价是指教育行政部门或学校依据一定的标准对教师的工作状态和工作成就做出判断和评定的过程。教师评价和教师考核是有区别的。教师评价的目标一般指向教师工作的改进与提高，而教师考核的目标则往往指向教师的去留与升降。如

① 叶澜. 创建上海中小学新型师资队伍决策性研究总报告[J]. 华东师范大学学报（教育科学版），1997（1）：1-9.

我国《小学教师职务试行条例》第十四条规定："学校要对被聘任或任命的教师的政治思想表现、文化专业知识水平、教育教学能力、工作成绩和履行职责的情况进行定期或不定期的考核，建立考绩档案，为教师职务的评审和聘任或任命提供依据。"① 故此，教师考核与教师评价相比，教师考核更容易走入过于强调约束、限制的误区。

教师评价的主体，除了校领导外，还有同事、学生和教师自己。由于种种原因，校领导很难对每一位教师做出精准的评价。而教师之间的相互评价则是很有效的评价方式，因为同事之间的关系密切，对彼此的情况也比学校领导了解得更多。学生对教师的评价也可以作为参考，许多学校都在每一学期末让学生对教师进行教学考评，这虽然不能准确、全面反映教师的情况，但可以作为评价教师的重要参考依据。让教师自己评价自己也是一种可取的方法，这有助于消除教师对评价过程的抵触情绪，并能有效刺激教师和学校领导就绩效评价问题展开对话和讨论。当然，相对最科学的评价还是各类评价者的意见综合起来的评价结果。

二、教师评价的内容

教师评价应从多方面进行，立足点不同，对教师的评价就不完全相同，但是根据传统和结合当代教师的特点，教师评价的主要内容有以下几点。

一是师德师风情况。这是评价教师的第一标准，这要求教师将"立德树人"作为根本任务；树立牢固的中国特色社会主义理想信念、终身学习的理念、改革创新意识；做学生锤炼品格的引路人、学习知识的引路人、创新思维的引路人；将教书和育人统一、言传和身教统一、潜心问道和关注社会统一、学术自由和学术规范统一；新时代的教师要有坚定的政治方向、自觉爱国守法、传播优秀文化、潜心教书育人、关心爱护学生、坚持言行雅正、遵守学术规范、秉持公平诚信、坚守廉洁自律、积极奉献社会。

二是教学任务完成情况。教师应当以教学任务为主要工作内容，评价一位教师的工作情况当然要将教学任务完成情况作为最主要的内容。这里的教学任务不只包括课堂教学，还包括教师备课、制作课件、批阅作业、出考试题、监考、批阅试卷、归档总结等内容，这些内容的每一个环节都会影响教学任务的完成，也影响教学的成效。在评价这些内容的时候，评价者不仅有上级领导，还应该有学生、同事、教学督导，以及教师自己。

三是工作行为态度。工作态度是对教师工作所持有的评价和行为倾向，工作态度是教师工作的内在心理动力，影响其对工作的直觉与判断，直接关系到教师的工作绩效。教师的工作态度是否端正，直接影响着教学效果，更直接影响到教育教学的成败，故教师工作的认真度、责任度、努力程度等应该成为评价教师的重要标准。

四是学生成绩情况。学生在学校主要是为了学习知识和学会做人，学生的成绩

① 国家教委办公厅. 基础教育法规文件选编[M]. 北京：北京师范大学出版社，1988.

是评价教师的重要指标，特别是在中学，许多学校将学生的考试成绩、升学率、重点升学率作为教师评价的重要内容，甚至有的学校将其作为唯一评价指标，这是不正确的。不能将学生的考试成绩作为教师教学任务完成情况的唯一依据，因为影响学生成绩的因素有很多，教师的教学方法、手段、能力知识只是其中的一部分。

三、教师评价中的三对关系

在实施教师评价体系过程中，需要对一些具体问题做出妥善处理。

（一）显性与隐形关系

教师的工作大致可以分为显性工作和隐形工作。显性工作主要有教师的出勤、任课节数、所教班级成绩、发表文章数量、参加进修情况等。隐形工作主要指对学生日常的品德教育、心灵陶冶、言传身教等。教师显性工作很好记载和评价，隐形工作却难以计量，在教师评价过程中，既要关注教师的显性工作，也不能忽视教师的隐形工作。

（二）定量与定性关系

教师的工作质量往往需要由一定的工作数量表现出来，因为一定的工作数量是工作质量的基础。但是教师的日常工作有许多，隐形工作无法计量，有许多因素是难以定量的。故教师评价工作应该尽量量化，但也要注意坚持定性分析，并将定量和定性结合起来。

（三）结果与过程关系

在许多教师评价中，有部分领导只注重结果，忽视教师辛苦付出的过程，这是不科学的。虽然一般情况下，教师评价的结果的优劣与其工作的过程有一定的关系，但也有些教师的工作结果并不是其工作过程的真实反映，不排除一些优秀的教师也会有成绩不理想的学生。故在教师评价中要注意工作结果与工作过程同时并重，才能对教师的表现做出真正客观、公正的评价。

第四节　教师的激励

激励是指“激发人的动机，使人有一股内在的动力，朝向所期望的目标前进的心理活动过程，激励也可以说是调动积极性的过程”[①]。在学校管理中，充分调动教师的积极性和主动性，不断发挥教师的主观能动性，是提高学校管理业绩的根本任务。

① 苏东水. 管理心理学[M]. 上海：复旦大学出版社，2006.

一、教师激励的原则

调动教师的工作积极性是一个复杂而重要的工作，应当遵循一定的原则。

（1）针对性原则。这就要求在激励活动中，校领导应根据不同的情况采取不同的方法，区别对待。激励的方法多种多样，但不同教师的需求不同、个性不同，所采用的激励方法当然也应该不同。所以，激励教师要因时、因地、因人而异，这样才有针对性，才能有更好的激励效果。

（2）时效原则。激励要把握好时机，仓促行事或优柔寡断，都不能达到理想效果。当教师产生合理的、健康的、现实条件能够满足的，或者通过努力能基本满足的激励时机，学校领导应该抓住良机，及时予以激励，如果时间隔得太长，激励效果就会变差。

（3）适度原则。主观的认识和行动要符合客观事物本身的度，要注意分寸。激励过度，效果不佳，甚至会产生副作用。同样，激励达不到一定的度，也难以达到理想的效果。在激励的时候要注意物质激励和精神激励相结合。

二、教师激励的方法

在学校管理中，要充分调动教师的工作积极性和主动性，不断发挥教师的主观能动性。学校管理者在继承发扬传统经验的基础上，创造了多种行之有效的教师激励策略。

（一）物质激励

物质激励一方面通过普遍提高全体教师的经济收入和福利待遇来调动教师的积极性；另一方面是通过建立一定的物质奖励机制，对工作成绩突出的教师给予必要的物质奖励，以鼓励教师为教育事业做出更大贡献。

（二）目标激励

目标激励是通过设置科学合理的学校发展目标，让教师看到未来美好的前景，并将这一前景与教师当前的工作、学习和未来的个人发展联系起来，从而激励教师为实现这个预定的目标而积极投身于学校的各项工作中。

（三）荣辱激励

荣辱激励是在教师中开展热爱学校教育，树立“校荣我荣、校辱我辱”的荣辱观。让教师充分认识到学校是要靠大家共同努力才能办好的，每一个人都和学校荣辱与共、休戚相关。

（四）制度激励

制度激励是通过校内民主制度的建设，充分发挥教代会作用，让教师有机会参与到学校重大决策和工作计划的制定中，让教师发扬主人翁精神。同时，校长作为领导，还要通过建立沟通制度，经常与教师沟通交流，从而让教师在工作上和思想上与学校同舟共济、患难与共。

（五）情感激励

情感激励是学校领导通过谈心、慰问、交友等手段与教师建立正式或非正式的情感联系，了解他们的发展愿望和遇到的种种困难，真诚帮助他们解决各种问题，用真情打动教师，用真情留住教师，用真心激励教师让教师能情绪高昂地投入工作中。

（六）榜样激励

"榜样的力量是无穷的"，也就是要求校领导以身作则和率先垂范或通过发现、总结和宣传校内先进人物的典型事迹，为广大教师提供积极工作、努力进取的参照和范例，从而激发更多老师效法榜样而努力工作。

（七）信息激励

通过组织教师外出参观先进学校、请外校教师来本校介绍经验，以及向教师推荐有关教改等信息材料，帮助教师在信息交流中，得到教学改革的前沿信息，更好地促进教师抓住机遇，奋起直追，力争上游。

（八）群体激励

教师激励不仅仅是要调动一两位老师的积极性，而是要在学校组织整体背景下考虑如何追求一种教师群体激励的效应。当然群体激励并不意味着搞平均主义，而是要在考虑全面的基础上突出重点，以有限的资源投入换取最大的激励效应。

三、教师劳动报酬

教师劳动报酬是教师在从事育人及其相关工作中，按付出的劳动数量和质量而获得的经济回报。合理确定教师的劳动报酬是调动教师积极性和创造性，提高教育质量和教育效益的重要条件。教师的劳动对象不是物，而是学生；教师的劳动时间不仅包括课堂教学和教育学生，还应该包括备课、看书、做科研等。在当今社会，要提高教师素质和教育质量，吸引优秀人才充实教师队伍，必须重视教师的社会地位和物质利益，必须尽量解决教师待遇问题，使师资供给与需求在动态中实现平衡。

教师劳动报酬在各地、各校略有不同，但基本实行的都是绩效工资制度。这种制度是建立在一定的工资标准和管理程序基础上的，其是通过对教师的工作业绩、工作态度、工作技能等方面的综合考核评估，确立教师的绩效工资增长幅度，以科学的绩效考核制度为基础。其基本特征就是将教师薪酬收入与个人业绩挂钩，体现多劳多得，奖优罚劣的分配原则，最大限度调动教师工作积极性，促进教育事业发展。

绩效工资分为基础性绩效工资和奖励性绩效工资。基础性绩效工资主要受地区经济发展水平、物价水平、岗位职责等因素影响，占绩效工资总量的70%，按月发放。奖励性绩效工资主要受工作量和实际贡献等因素影响。在考核的基础上，由学校确定分配方法和办法，并在绩效工资中设立班主任津贴、岗位津贴、农村学校教师补贴、超课时补贴、教育教学成果奖励、科研项目奖励等。

绩效工资制度有利于教师工资与可量化的业绩挂钩，将激励机制融于学校目标和个人业绩中；有利于工资向成绩突出者倾斜，提高教师的工作积极性；有利于缩小地区差异和行业差异。

第五节　教师的培训

教师培训是教师管理的重要内容，也是学校应尽的法律义务。《教师法》第十九条规定："各级人民政府教育行政部门、学校主管部门和学校应当制定培训规划，对教师进行多种形式的思想政治、业务培训。"教师培训是学校提高教育质量和管理效率的有效手段。

一、教师培训的意义

教师培训是学校通过有计划、有目标地组织教师参与特定内容的学习，改进教师的工作观念、知识和技能，促进教师个人发展。正如琼·托马斯所说："教师本身必须经历新的进修过程。所以持续地对教师进行培训是教育制度发展和不断更新的前提。"①

（一）促进教师发展

教师在不同的职业发展阶段面临着不同的问题。对于新入职的教师而言，迅速熟悉新的工作环境，树立正确的工作态度，提高实践工作能力是主要任务；对于有一定工作经验的教师而言，进一步更新工作理念、知识和技能是关键。针对教师不同职业阶段的问题，对教师进行系统的、有针对性的培训，将为教师职业发展提供有力的支持。

（二）提高学校人力资源质量

学校的发展主要依赖教师，教师通过培训可以更新与工作相关的知识技能，使学校组织文化和核心价值观得以普及。在培训过程中，学校人力资源的结构和质量都可以得到进一步优化，从而为学校改革与发展提供持续的、有价值的保障。

（三）激发反思

加拿大教育管理学家格林菲德认为："管理者的培训是一种哲学性的隐退和沉思，这可以帮助管理者从一种全新的视角来查看更重大的问题。"② 培训让教师可以跳出日常工作，以新的视角、新的思维重新审视自己的工作，而这往往也是发现问题、更新观念，进而改进工作的前提和基础。

---

① 查尔斯·赫梅尔. 今日的教育为了明日的世界[M]. 王静等，译. 上海：上海译文出版社，1977.

② 张新平. 教育组织范式论[M]. 南京：江苏教育出版社，1990.

（四）分享经验

培训为教师之间的交流提供一个很好的平台。由于教师的工作具有个体分散劳动的特征，因此在大多数时间里，教师工作能力的提高往往是个人努力的结果。而形式多样的培训则可以提供一个通过教师之间的交流，使个体经验转变为群体知识的途径。

（五）推进教育改革

教育改革的推进和实施都需要教师的认同和支持。在这一过程中，组织有效的培训，将使教师更好地理解教育改革的意义、目的和思路，明了改革实施的步骤和可能面对的困难及克服的方法。从这个角度上看，培训起到了统一思想、促进教师积极参与教育改革的作用。

二、教师培训的内容

教师培训可以分为多种类型。就培训内容而言，主要包括思想培训和技能培训两类；就培训方式而言，主要分为在岗培训和脱岗培训，这里将教师培训主要分为校外培训、校本培训和研修培训。

（一）校外培训

校外培训就是将教师送到校外一些高校、教育学院、进修学校，甚至国外高校进行再学习的一种方式，可以脱产培训，也可以不脱产培训。校外培训可以充分利用高等院校的人才优势，提高教师对知识的渴望，满足教师对更高学历的向往和要求。

（二）校本培训

校本培训是学校根据自身发展目标，结合学校教师队伍现状与学校改革发展过程中存在的实际问题，由学校自行组织，以校内培训为主要形式，旨在满足教师工作需要的继续教育活动。校本培训能更好与教师日常工作联系起来，提高培训的针对性和实效性，而且培训方式除了传统讲授外，还可以采取小组合作、工作互换、模拟培训、参观访问等更加灵活的方式。校本培训往往直接切入实际工作环节，非常注重实践操作能力的提高。

（三）研修培训

研修培训是一种知识、能力两种取向并重，课程化培训与非课程化培训相结合的综合培训模式。研修培训一般有三个特点：一是教师培训以研究专题为纽带，围绕专题组织培训内容；二是强调培训过程中信息、思路、观念、能力几个要素，促使教师观念更新；三是专题研究的性质是行动研究。

第五章　学生管理

学生管理是学校管理乃至教育管理中的重要部分，学生管理水平的高低直接制约着学校培养学生的质量。学校管理者需要全面了解学生，对其树立正确的学生观，继而形成正确的育人观和管理观。

第一节　学生管理概述

什么是学生管理？学生管理目标是什么？学生管理的价值何在？这是学生管理首先要认识和解决的问题，也是做学生工作必须明白的问题。

一、学生管理内涵

学生管理是学校管理系统的重要组成部分，是学校对学生在校内外的学习和活动进行计划、组织、协调、控制的总称，是学校教务管理者组织、指导学生，按照教育方针所规定的教育标准，有目的、有计划、有组织地对学生进行各种教育，使学生德、智、体、美、劳各方面都得到发展，成为社会主义事业接班人的过程。学生管理是教务管理工作的中心任务之一。

具体而言之，学生管理有以下特征。

（一）学生管理牵连甚广

学生管理是学校管理系统中的一个重要子系统，影响着学校工作的方方面面，管理活动复杂多样。在管理过程中，直接与间接地与学校管理系统中其他部门和成员有着千丝万缕的联系。

（二）学生管理主体多样性

学校是学生管理的主体，但绝不是唯一主体。教育行政部门通过制定法律、法规以及各种规章制度，对学生学习活动做出明确规定，在宏观上对学生进行管理，所以教育行政部门也是学生管理的主体。此外，学生本身也是管理活动的参与者，也是管理活动结果的构建者，学生管理不仅要靠教育行政部门，还要靠学生自我管理。

（三）学生管理时空范围广泛性

学生管理不仅仅局限在教室内，在时间上也不限定在课堂教学时间，因而学生管理的范围应该确定为校内外，不仅限定在校内。

（四）学生管理较教学管理的独特性

学生管理是教务管理的重要组成部分，学生管理中有许多属于教务管理的内容，如学籍管理、成绩管理和档案管理等。但学生管理中也有许多教务管理所不能覆盖的内容，如学生日常行为规范管理和学生社团管理等。

二、学生管理的目的与任务

学生管理的目标和任务不是僵化不变的，而是随着时代和社会的进步而有所发展的。

学生管理的目的在于服务学生，目标是引导学生形成良好的学习习惯、行为习惯和生活习惯，培养学生自理、自强和独立生活的能力，使学生能够愉快学习、健康成长，在德、智、体、美、劳等方面都能得到全面和谐的发展。长期以来，学生管理都是以将学生管住为目的，教育行政部门和学校通过制定学生管理的规章制度，强化和严格学生管理，借助量化打分等手段，采用检查、评比等方式，迫使学生服从管理，以保证教育教学活动的顺利进行，当学生毕业后，学校管理也就结束了，甚至很多管理者认为学生顺利毕业，就完成了管理的目标。学生的管理需要一定的规范，但是不能将此作为唯一的目标，否则将不利于学生主体性发挥和创新精神的培育，因为学生既是学生管理的客体，也是自我管理的主体。

教育行政部门和学校是学生管理的主要机构，两者的根本目的是一致的，但在管理任务上却各有侧重。教育行政部门的学生管理偏于宏观调控，而学校的学生管理偏于微观管理。教育行政部门通过把握学生的总体状况，发现学生管理中的普遍问题，研究与制定相应的法规与政策，起到了间接管理学生的作用。学校的管理任务则是要用国家的教育方针和政策，统一教师的思想和教育行为，开辟有效的教育教学途径，培养学生自学、管理、自我教育及心理承受的能力；制定并执行学校的学生管理工作计划、管理常规和管理措施；完善和健全学校管理组织系统。

学生管理有着非常重要的意义，对学生来说，学生管理能够促使学生个体的健康成长，促使学生全面发展；对教学来说，学生管理的各项活动都是为教育教学服务的，科学有效的学生管理有利于维护正常的学校教育教学秩序和学生生活秩序，保证教育教学的有序进行；对社会来说，学生的各种规章制度、行为规范都要符合社会要求，管理者通过各种活动向学生传达为社会所允许和接受的知识、价值和行为规范，消除学生中间存在的错误观念和行为，以确保学生个体的健康成长，对社会的安定和发展也具有重要意义。

三、学生管理的原则

学生管理是一项复杂的工作，学生管理者必须遵循学生管理的基本原则。

(一)了解和尊重学生原则

学生管理首先要了解学生,了解学生主要从几个方面入手:①了解学生的身心发展特点。只有了解学生的身心发展特点和心理发展水平,才有可能进行有效的学生管理;②关注学生的生活。学生的语言和行为受他们的生活影响极大,教育管理者要管理好学生,就要介入学生的生活世界,感知他们的所思所想;③了解学生需要。学生作为独立的个体,在学习生活、生理心理、情绪情感等方面都会有需求,对于学生的合理需求,管理者应该及时发现,并满足其需要;④了解学生、尊重学生、信任学生,学生管理应该是有情感的管理,在学生管理中应该强调规范管理与自我管理相结合,将严格要求与尊重、信任相结合,给学生更多的自主、自由空间,促进学生全面健康发展。

(二)科学的学生观

学生观就是管理者对学生的基本看法,决定着管理者进行学生管理和教育的行为,也决定着管理者与学生交往中的工作态度和工作方式。不同的学生观会产生不同的管理方式和不同的教育管理结果。学生观大致有几种类型:①认为学生是被管理的对象,管理者是站在学生对立面的权威者,可以任意对学生发号施令,通过各种严格的规章制度和规范约束学生,要求学生必须遵守各种规章制度,这种管理方式是一种单一的、服从命令的管理方式,这种学生观有利于学生形成良好的纪律,培养学生集体主义精神,但却压抑学生个性,不利于学生个性的养成;②强调学生是独立的个体,主张学校的管理工作要围绕学生展开,一切以适应学生、发展学生个性为中心,提倡学生自我管理,这种管理方式充分发挥了学生的主体作用,但学生纪律意识很淡薄,管理者的地位和作用被削弱,容易导致学生放任自流。

(三)机构和制度建设原则

合理的机构和完善的规章制度是学生管理科学化的保证。在纵向设置上,应设立从中央到地方再到学校的学生管理的管理系统,形成通畅的、自上而下的决策指挥系统和自下而上的信息反馈系统;在横向设置上,需要建立教育系统与家庭及社会各界联系的组织机构,以强化教育行政部门、学校与家庭、社会的联络,吸纳社会各界共同参与学生管理。

第二节　学生管理的内容

学生管理是学校管理中的大事,也是学校管理工作的核心工作之一。学生既是受教育的对象,也是被管理的对象,学生的教育活动和管理活动都是交织着进行的,其管理内容也非常复杂,包括学生在学校的方方面面。

一、学生常规管理

学生常规管理是学生从入学到离校的日常规范的管理。常规管理的优劣直接影响学校文化的形成和教育质量的高低。

(一)入学

新学生入学对于一切都是新奇的,学校的环境、教师的态度和办事风格等都会给学生留下深刻的印象。所以,学校应该首先设计布置校园环境,美观、大方的环境能引起学生在此学习的兴趣和意愿;然后是注意教师的态度和行为举止,因为教师是学生进入学校首先接触到的人,教师应该耐心给学生介绍学校的情况和各种规章制度,使学生尽快熟悉学校文化,唤起学生对学习生活的向往和兴趣。

(二)编班

学生入校后要编入一定组织,教学班是学校组织开展教育教学活动的基本单位。班级的规模、形式、成员都是影响学生学习效果、身心成长与发展效果以及教育、教学活动效果的客观因素之一。

(三)学籍管理

学籍管理是对学生入学、转学、休学、在校情况以及毕业离校情况等书面记载的管理。学籍管理内容包括注册、考勤、成绩、跳级、留级、休学、复学、转学、退学、奖励、处分、毕业等。

(四)评价与考核

学生评价与考核是根据事先设定的目标,经过一定时期检验学生是否达到目标的过程。当然,学生评价与考核的方式有很多,根据不同的标准也可做不同划分,目前一般有评议、档案袋评价、综合评价和考试等。

二、安全管理

学生安全管理是对校内和校外集体活动中学生的人身和财产安全的管理,从而维护学生和学校的合法权益,维持学校的正常教学秩序。没有安全管理,学校的教育教学活动就不能正常开展。因此,所有教育行政部门和学校都非常重视学生安全管理,安全管理的主要内容有:学校的安全保卫和监管工作;防止学生伤害事故、防止校园暴力、防控各种疾病;制定校园突发事件处理制度等。

而安全管理的主要途径有:①开展有效的安全管理教育,将安全教育常规化,让学生和教师培养安全意识、了解安全常识以及自我保护的基本技能;②制定有效的安全管理制度。学校要制定一系列安全管理制度,以确保教职工和学生的人身和财产安全,如《安全教育制度》《门卫制度》《学生外出活动安全审批制度》《学校防火制度》《食品卫生管理制度》《学校安全事故报告制度》《学校疫情防控制度》《学校突发事件处理制度》等。

三、健康管理

学生健康管理包括生理健康和心理健康两个方面。要实行健康管理主要需要做到:①制定并实施有效的健康管理制度,制定各种学生日常健康管理工作制度,设置相应的机构和责任人员,建立责任制;②加强学生的健康教育,设置一定的健康教育课程;③设置心理健康中心,定期或不定期对学生进行心理健康教育,与学生进行平等沟通和交流,对学生心理进行关注和了解,及时发现学生的不良情绪,并为其提供心理服务;④建立学生健康档案,为学校制定健康管理计划提供科学依据。

当今社会,学生心理问题越来越多,健康管理日益受到重视。著名心理学家埃里克森指出:在发展的不同阶段,个体面临着不同的问题。这些问题若能得到积极解决,则能促进其成长,否则就会阻碍发展过程,导致心理缺陷。人的心理问题主要有三类:第一类是轻微心理失调,如焦虑、自卑、孤独和妒忌等;第二类是各种神经症,如神经衰弱、强迫症和神经性抑郁等;第三类是严重心理疾病,如精神分裂症和情感性精神病等。学校的心理管理主要是针对第一类心理问题,后面两种心理问题应该及时转交给医疗单位进行心理咨询和治疗。

四、日常行为规范管理

学校不仅要向学生传授知识,而且应当教会学生做人的道理。因此,除了学习常规管理外,学校还要强化生活日常行为规范管理,以培养学生日常行为规范、自理能力和生活基本技能。

为了规范学生日常行为规范,我国教育行政部门颁布了《中小学生守则》《小学生日常行为规范》《中学生日常行为规范》等,这些规范对中小学生良好行为习惯的养成,以及学校的良好校风、学风、教风等形成都起到了重要作用。

为了提高行为规范养成的有效性,主要应该做到:①注重实际训练,行为规范的养成要有说服教育,更应该注意实际训练,只有在实际训练中不断强化,日常行为习惯方能养成;②不断检查,没有经常性的检查,学生行为习惯就会陷入放任自流的境地,通过不断检查,能够督促学生不断进步,也能让学生找到差距,不断改进;③开展评比,评比能激发学生自觉遵守行为规范的积极性,这比简单的说教或强制条例约束更能让学生接受。

第三节 班级管理

学生管理不仅包括学生个体管理,还会以组织管理的形式展开。组织管理主要包括班级、共青团和学生会等。班级是学校各项活动的基本组织，班级管理也是学生管理的常用管理方式。

一、班级管理的由来和特点

班级是学校进行教育教学及管理活动的基本单位，其是学校根据一定的编班原则正式组建的师生群体。从17世纪班级授课制度诞生以来，学生在校的大部分时间是在班级里度过的，学校对学生的管理也是通过班级来实施的。因此，班级对学生影响至深，班级经营对学生成长具有重要作用。

班级作为一个学校基层组织，有着自身特点，具体表现在以下几方面。

（1）行为状态逐渐成熟。班级与学生个人行为状态具有由低向高逐渐发展的特点。班级组织由最初的松散向凝聚集体的状态发展，学生则由最初的无组织状态逐步向熟悉组织形式、了解组织规则，进而向形成集体观念的状态发展。

（2）文化特点。任何班级都有自己形成的文化特点，班级文化是班级内全体学生所共有的信念、价值观、态度和行为方式。班级组织文化是由学生个体文化与群体文化相互渗透而来的，学生个体文化基本顺应班级群体的文化。

（3）凝聚力。一个好班级必须具有凝聚力。懂得团结的集体，才能够把集体的力量发挥到最大。所以凝聚力是每一位成员都应该追求的目标，这样大家才能为共同荣誉而奋斗。

（4）感情。感情是一个班级的纽带，包括师生之间的感情和学生之间的感情，有了深厚的感情，班级组织才有更大的凝聚力。

（5）纪律性。任何一个组织都有一定的规则，所谓“没有规矩，不成方圆”，班级作为基层的组织也有一定的规则，这个规则要求班内所有成员共同遵守，如果不遵守将会受到相应的惩罚，久而久之就会形成自觉遵守班级规则的状态。

班级经营的重要任务是推动班集体的建设，只有形成了班集体，才能对生活在其中的学生产生积极影响，促进学生的健康成长。但是班级与班集体并不是相同的概念，班集体是班级发展的高级形式。班级的组成一般是通过外部力量来组织的，而不是学生个人自愿的结合。随着班主任老师工作的开展，学生接触增多，有了感情，在此基础上，班级学生通过共同的活动，对不同的个人目标进行整合，不断发展班级成员的关系，最终达到群体发展的高级阶段，形成班集体。班集体的形成需要有共同的奋斗目标、良好的人际关系、健全的组织体系、正确的舆论和一定的集体纪律等。

二、班级管理概述

班级管理是班级管理者（班主任、辅导员）带领学生根据班级教育管理规律的要求，结合本班实际情况，为实现班级工作目标而进行的一系列职能活动。班级管理活动是为班级教育活动的顺利开展服务的,是在班级管理者的引导下,由管理者和学生共同参与的双边活动。同时,班级管理还是一个动态的过程,是班级管理者采用一定的手段和措施,带领全班学生对班级中的各种资源进行计划、组织、协调和控制,以实现教育目标的组织活动过程。班级管理包括班级组织建设、班级制度管理、班级教学管理和班级活动管理等。

班级管理有助于实现教学目标,提高学生学习效率;有助于调动班级成员的积极性,共同建立良好的班级秩序和健康的班风;有助于锻炼学生能力,帮助学生成为学习自主、生活自理的人,而且可以帮助学生进行社会角色学习,获得认识社会、适应社会的能力。

三、班级管理的方法

每一个班级成员不同,文化背景不同,遇到的问题也就不同,所以管理的方法也有所区别。总体而言,班级管理的方法主要有以下几种。

(一)选择合适的班主任(辅导员)

班主任(辅导员)是受国家和学校委托,全面负责一个班级学生学习、生活等工作的教师。班主任(辅导员)的专业能力和素质的高低直接影响着班级管理和建设水平。所以,在安排班主任(辅导员)的时候,要严格把关,将思想道德素质过硬、文化素养较高、心理素质过硬的教师配置到班主任(辅导员)这个工作岗位上。班主任的主要素质结构如表5-1所示①。

表5-1 班主任的素质结构

素质结构	内涵
思想道德素质	具有高度的责任感,热爱学生,尊重学生,有严谨的工作作风和道德的自我完善能力
文化知识素质	较广的科学文化知识、专业科学知识和教育科学知识,有较强的教育影响力
智力能力素质	认知、理解与学习能力,表达与指导能力,组织管理能力,应变与交往能力
个性心理素质	性格温和,具有阳光心态,具有自我控制与调节心理的能力,对职业的理解与认同感
身体健康素质	拥有健康的体质,具有长期锻炼的意识

(二)确定共同奋斗目标

共同奋斗目标是班集体发展的规划,是全班学生的希望,是班集体前进的方向和动力。每一个学生个人对集体目标的认同越高,集体意识也就越强,所以要确定一个班集体认可的共同奋斗目标。而班集体的目标既要使班集体的长远目标同学生的志

① 林冬桂,张东,黄玉华. 班级教育管理学[M]. 广州:广东高等教育出版社,1999.

向及社会主义远大目标结合起来，又要使学生日常学习生活的近期目标能体现长远目标，并在实践中不断获得成功体验。

（三）建立强有力的班集体核心

建立班集体的核心关键是要建设一支优秀的学生干部队伍。班主任（辅导员）要注意从各项活动中发现、选拔那些适合承担集体工作的学生，选拔和培养学生干部，将更多的班级管理权、活动组织权、情况反映权和监督权等交给学生干部，尊重学生干部的管理作用，充分发挥学生干部的班级管理能力，让学生干部成为教师的好助手。当然，让学生干部管理班级，并不意味着班主任（辅导员）完全放任不管，而是要发动好学生干部、培养好学生干部、对学生干部严格要求，不断培训，科学评价，确保学生干部不断提升班级管理水平。

（四）建立健全班级规章制度

规章制度对班级成员具有规范和导向作用，其使学生明白班级里什么可以做，什么不可以做，使班级的各项活动保持有序的状态。班级管理者应该与学生共同制定和完善班级各项规章制度，使学生有规范可依。

（五）培养学生集体意识

班级作为一个有机整体，要对班级成员具有向心力和凝聚力，就需要学生建立班级与个人息息相关的集体意识。集体意识建立的基础是班级内学生之间相互了解，相互关心，建立起深厚的感情，达到对班集体的认同。还要开展经常性的集体活动，如班会、体育比赛、文娱活动和学习讨论会等，可以创造学生相互交流的机会，在活动中逐渐培养学生的集体意识。

（六）引导班级内非正式组织

班级内非正式组织就是班级内一部分学生由于感情、志趣相投而形成的一个个小群体。小群体结合的成因可以分成兴趣型、感情型、角色型和性别型等。当小群体目标与班级目标一致时，小群体对班级管理具有积极作用，所以要对小群体进行引导，可以采用因势利导、感情沟通和角色移位等方法，通过顺应小群体中的一些积极因素，引导班级内非正式组织的目标与班级组织目标达成一致。

第四节　学生自我管理

在学生管理中，一方面教育行政部门、学校、教师要承担起管理学生的责任；另一方面要引导学生开展自我管理和参与管理。学生学会自我管理和参与管理是学生管理的重要目标，也是为了达到“管是为了不管”这个管理理念的最高境界。

一、自我管理的概念

学生自我管理是学生对自己的生活、学习、交际等根据自身情况进行设计、安排和调控的活动。教育家陶行知先生就十分注重学生的自我管理和参与管理，他在《学生自治问题之研究》中指出学生自治的好处在于：“第一，学生自治可以为修身伦理的实验；第二，学生自治能适应学生之需要；第三，学生自治能辅助风纪之进步；第四，学生自治能促进学生经验之发展。”

管理者应该大胆放手让学生进行自我管理和参与管理，强化学生的主体意识和参与意识，引导他们在知、情、意、行方面实现自觉、自律、自强、自理。在认知方面，要引导学生自我观察、自我分析和自我评价，让学生自己认识自己，提高自我管理的自觉性。在情感方面，要引导学生自我体验、自我激励、自我肯定和自我否定，正确处理与他人的关系。在意志品质方面，要引导学生自我监督、自我命令、自我控制和与环境协调一致。在行为习惯方面，要引导学生自我计划、自我训练、自我检查、自我总结和自我调节，实现自律化。

二、自我管理的意义

教师的精力总是有限的，学生成长不能完全依靠教师的督促，关键在于自我管理，教师在与不在，学生都应有自我管理的能力。教师应该引导学生开展自我管理，这可以促使学生正确认识自己，在认识到自己的优缺点后，取长补短，提高自我管理的自觉性；也可以引导学生自我体验，自我评价，鼓励自己进步，从而提高自我管理的水平；还可以引导学生自我监督，培养学生用意志力逐步克服不好的习惯和欲望，锻炼自我管理的意志品质；引导学生制定自我管理的计划和不断检查自我管理进行的情况，提高自律水平；自我管理有助于发挥学生主动性，让学生体验成功的快乐，激发学生的积极性。

当然学生自我管理并不等于教师放手不管，好的教育者应当引导学生自我管理，教师从旁指点，给予学生一定的制度和规范，信任学生。相信在这种情况下，学生一定能够进行自我管理。

三、自我管理的途径

自我教育、自我管理是当今教育的重要课题，要想师生在教育中都能动起来，就要让学生从单纯的接受教育的定位中走出来，走进既接受教育又进行自我教育和管理的环境。而教师则是“能够创造一个使学生能够自我管理的环境，自己选择要做的事情”。那么，如何引导学生进行自我管理或参与管理呢？主要途径有以下几种。

（一）创造良好的环境

环境因素对人能力形成的影响不可低估，创造良好的环境就是要创造良好的校园文化环境，特指在学校内部建立良好的民主管理制度，营造学生自我管理和参与管理的氛围。学校既要对学生进行主人翁和责任感的教育，又要使学校领导和教职工认识到学生是学校的主人，有能力也有必要自我管理和参与管理。

（二）引导学生参与学校管理实践活动

人的能力是在实践活动中培养和形成的，在创造了良好的学校文化环境后，就要通过各种形式，有意识、有计划地引导学生参与管理活动和自我管理活动。例如，设立有学生参加的校务委员会，引导学生充分运用自己的权利，对学校的事务建言献策，监督帮助形成校长决策意见以及各项规章制度和计划。也可以让学生自己建立各种像班、队、会、团的组织，产生各级各类的学生干部，建立各项规章制度，开展多种多样的活动等。

（三）培养学生优良品格

学生参与管理和自我管理的动机会影响参与管理和自我管理的能力的发展。动机强，学生就会在实践中自觉积累管理经验和知识，从而不断提高自身的管理能力；动机弱，学生参与管理的意识和行为淡漠，就不会在管理实践活动中主动积累经验和知识，更谈不上发展能力了。学生谦虚好学的态度、坚强的毅力等优良品质都有助于管理能力的提升。

（四）学生行为习惯的养成

行为习惯是行为与习惯的总称，习惯是自动化的行为方式，需要在一定的时间内逐渐养成，与后天条件反射系统的建立有密切关系。好的行为习惯可以影响学生的一生。在学生自我管理过程中，学校、家庭、教师要有意识地引导学生、培养学生养成良好的行为习惯，如爱国守法、尊敬师长、诚实守信、热爱生命、好学上进、刻苦钻研等。

（五）学生激励和约束

在学生自我管理和参与管理过程中，要运用正确的激励方法来激发学生管理的信心，为了使得学生在自我管理过程中少犯错误或不犯错误，就需要一定的约束，使学生内化为自身自觉意识。激励可以使用表扬法、示范法、引导法、批评法等；约束则可以用规则约束、教师约束等。

第五节　课外活动管理

学生课外活动是学生学校生活的重要组成部分，也是学校实施学生教育和管理的重要途径。管理者通过加强对学生课外活动的管理，引导和组织学生参加丰富多彩、有益健康的课外活动,对学生的健康成长具有重要意义。

一、课外活动概述

课外活动是学生在学校课堂教学以外时间的各种活动,是学校在教学计划外有目的、有计划、有组织地引导学生开展各种有意义的活动,包括学术性、健身性、娱乐性和公益性的活动等。课外活动是课堂教学的有意补充,是学生全面发展的重要组成部分,课外活动和课堂教学两者共同构成现代学校教育的整体结构,促进现代学科教育目标的转换和实现。

课外活动的内容非常丰富,各学校可以根据自身情况定期开展。①思想政治教育活动,如英雄人物报告会、观看有教育意义的电影、参观博物馆、社会调查和节日纪念活动等。②文学艺术活动,如文艺汇演、诗歌朗诵比赛、音乐欣赏、歌咏比赛、书法比赛、舞蹈比赛,以及各种文艺兴趣小组活动等。③科学技术活动,如计算机比赛、航空航模活动、动物生长观察和野外考察等。④学科活动,如各类学科竞赛、作文比赛、数学比赛和外语朗诵比赛等。⑤体育活动,如田径、球类、体操和武术等。⑥公益劳动,如植树、打扫卫生、绿化等。

课外活动丰富多彩,只要符合学校培养目标,有益于学生身心健康,只要学校有条件开展,均可以作为课外活动。在组织课外活动的时候,尽量根据学生兴趣和需求来确定活动的内容和形式,课外活动的内容应该多种多样,形式不受限制。课外活动可以拓宽学生视野,扩大知识面,能满足和发展学生的各种爱好、兴趣和特长,提高学生的审美能力和道德情操,也可以丰富学生的课余文化生活,抵制各种不良因素影响,对促进学生健康成长有着十分重要的意义。

二、课外活动的管理

课外活动要能真正达到开设的目的,就需要科学的管理,主要的方法有以下几种。

(一)提高认识

课外活动绝对不是自由活动,学校管理者和教师都应该有开展课外活动的思想,一定要认识到课外活动的重要性和意义,不能只重视课堂教学,不重视课外活动,自觉将课外活动看作是学校教育重要的、不可分割的组成部分,学校课外活动不是可有可无的,而是必需的,是课堂教学的补充和延伸。学校管理者和教师应该积极组织学生开展丰富多彩的课外活动,处理好课堂教学和课外活动的关系。

(二)统筹安排

学校管理者应该亲自把关,统一提高全体师生员工对课外活动意义的认识,自觉将课外活动看成是全面贯彻教育方针、培养现代化人才的重要途径,要有专人具体负责该项工作,并聘请相关教师作为指导教师,以保证课外活动的正常开展。同时,应该把课外活动正式纳入学校工作计划,统筹安排,使其成为学校工作的有机组成部分,制定好课外活动的计划和安排,确保课外活动能顺利开展。

(三)建立制度

课外活动是培养学生个性与特长的重要途径。因此,学生应该根据自身情况,因地制宜开展课外活动。为了管理好课外活动,提高课外活动的质量,规范课外活动秩序,优化育人环境,让课外活动能真正收到效果,学校应该结合自身情况制定课外活动制度,有了制度就可以“有法可依”了。

(四)发挥学生作用

学生是课外活动的主体,应该充分认识学生的地位,让学生多组织、多参与、多思考、多策划和多创新,尤其是要重视学生在课外活动中的组织作用。如少先队、共青团和学生会都是开展课外活动的重要力量,应该将学生活动与学生协调起来,提供一定的物质条件,配备专门的辅导教师,充分发挥学生在课外活动中的主动作用,让学生成为课外活动的真正组织者。

(五)建立辅导教师队伍

学生是课外活动的主体,应该充分发挥学生的主动性,但并不等于不需要教师的指点和辅导。相反,如果没有一支热心服务于课外活动、有一定专长的辅导教师队伍,课外活动的效果会大打折扣,甚至一哄而散。所以,学校管理者应该有意识地选择和培养一批有特长的教师,组织好辅导力量,并通过他们去选拔和培养课外活动骨干队伍,通过他们去指导课外活动的开展,同时应该给辅导教师计算相应的工作量,成绩显著者应给予表彰。

第六章　教学管理

教学工作是学校工作的重心,教学管理在学校管理中具有不可替代的重要作用。学校教学管理对促进学生发展、提高教学质量、保障学校工作的有序进行具有重要意义。无论是教育行政管理人员还是学校管理者,都应该把教学管理作为工作重心来抓。

第一节　教学管理概述

教学管理是学校管理中的重要环节,是学校的生命线,是学校发展的有力保障。教学质量的提高离不开教学管理。教学管理管什么,怎么管,是学校需要讨论的问题。

一、教学管理的含义

教学管理是运用管理科学和教学论的原理与方法,充分发挥计划、组织、协调、控制等管理职能,对教学过程各要素加以统筹,使之有序运行,提高效能的过程。教育行政部门和学校共同承担教学管理工作,故可以将教学管理分为宏观和微观两个层面:微观管理层面就是学校内部的教学管理;宏观管理层面指教育行政机关对各级各类学校及其他教育机构教学的组织、管理和指导。

教学管理是学校管理的重中之重,对学校管理有着特殊而重要的意义。

(1)确保学校教学正常运行。教学活动是建立在一系列教学管理活动基础上的,如教学场所安排、教学设施提供、教学人员组织、学生班级编制和课表安排等均是教学管理的内容。

(2)有利于促进学生发展。教学管理关系学校能否为学生提供有利于学生发展的环境空间的大问题。学校管理者以促进学生发展为教学管理第一目的,从多方面入手,为教学活动的顺利进行提供各种必要资源,才能保证教学工作目标的实现。

(3)有利于提升教师教学水平。教师的教学水平需要在教学实践活动的动态发展过程中逐步提升,这种提升不仅需要教师自己努力,还受制于教学管理工作中为教师提供的各种条件。科学合理的教学管理能保证教师在教学活动中获得有益的锻炼。

(4)有利于教学质量的提高。加强教学管理,促进教师专业素质和教学技能技巧的发展提高,才能有效提高教学质量。每个教师的能力只有在合理组合下,才能得到充分发挥,而教学人员的排列组合正是教学管理的内容之一。

二、教学管理的任务

学校教学管理的主要任务表现在以下几方面。

(一)确保教学工作的方向

学校教学工作首先是育人工作,教学管理的重要任务在于通过国家的教育方针和政策的贯彻与实施来保证教学工作的方向,保证育人工作的质量,树立正确的教学思想,用以指导教学实践。没有正确的方向,就难以确保真正意义上的教育质量。

(二)保证教学秩序

教学活动是一项计划性很强的活动,必须针对教学活动的每个环节制定一系列规章制度,以规范教学工作行为,维护教学为主的工作秩序。建立正常的教学工作秩序,不仅要靠学校严格管理,建立和健全教学工作的各项规章制度,还需要教学行政部门建立必要的保障机制,如课程设置、教学资源供给等。

(三)调动师生工作积极性

教师和学生是教学过程中的双向活动,需要借助中介渠道发挥双方的积极作用。教学管理是为教师和学生双方发挥积极性提供中介渠道的桥梁,如课程管理、教学环境提供等都能反映教学管理中介桥梁的优越性或低劣性。现代教学管理要为教师和学生创造机会,而不仅仅是提供服务。创造机会需要学校领导与师生一起发挥创造潜能。

(四)提高教育质量

教育质量是教育发展的基础,是人才培养的保障,国家要求把提高质量作为教育改革发展的核心任务。建立提高教育质量为导向的管理制度和工作机制,把教育资源配置和学校工作重点集中到强化教学环节、提高教育质量上来。为此,学校管理者需要明确国家教育质量标准,为面向全体学生和学生全面发展服务。

(五)加强科研工作

科研是教学发展的动力,做好教学研究和教改实验,引导教师进行科学研究,鼓励和支持他们更新教学内容,改革教学方法,运用新的教学手段和技术,是学校管理的重要内容。教育行政部门要提供信息资料服务、提供教师培训,总结和推广优秀的教育科研成果,促进教学工作的科学化、现代化。

第二节　教学管理的内容

教学管理是教学过程中不可缺少的重要环节,其主要内容包括教学管理系统、教学管理制度、教学计划管理、教学组织管理和教学质量管理等内容。

一、教学管理系统

教学管理系统是学校内部从上到下建立的负责教学工作的组织机构。现代教学管理系统是随着教学规模的扩大、班级授课制的出现、现代学校的产生而逐渐构建起来的。现代管理系统在提高教学质量、培养合格的人才方面发挥了重要作用,有效推动了教学过程的发展和完善。

我国教学管理系统可分为教育行政部门教学管理系统和学校教学管理系统两大类型。教育行政部门教学管理系统包括教学行政管理机构(如教育局的中教科)、教学业务管理机构(如县教育局下的教研室)、教学督导机构三个方面的机构。而学校教学管理系统包括教学行政管理机构(如教务处)和教学业务管理机构(如教研组),有时会增加教学咨询、审议、监督等机构。由此可见,现代学校教学管理是一个较为完整的系统,教学管理系统如图 6-1 所示。

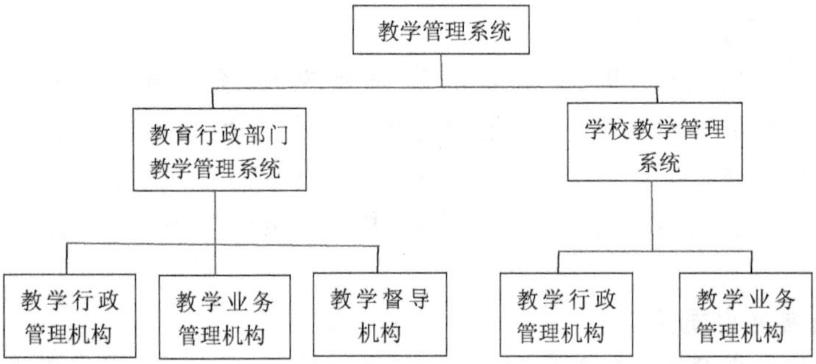

图 6-1 教学管理系统

二、教学管理制度

教学管理制度是指为强化教学管理,稳定教学秩序,加强教学质量控制而制定的教学规章、制度、条例、规则、细则和守则等。教学管理制度具有一定的法治效应和约束力,是全体师生和教学管理人员必须共同遵守的教学行为准则。它是教学管理系统的重要组成部分,是现代化教学管理科学化和教务工作规范化的基础。

教学管理制度就其来源而言,可以分为国家主要教育行政机关管理教学的法规制度、文件、纲要和学校内部管理规章制度两种。学校教学管理制度主要包括学生学籍管理条例、学生学业成绩考核与管理条例、教师教学常规、教材管理制度、学校各部处室管理制度等。学校教学管理制度的制定是一项严肃而又细致的工作,科学性和合理性是发挥其作用的前提和基础。当然,学校规章制度的制定还必须符合党的教育方针、国家法律、教育行政部分的法规精神。

教师劳动特点不同于其他行业，学校制定的规章制度必须符合教师劳动的特点和规律，符合学生身心发展的特点和需要。因此，规章制度的制定要从实际出发，广泛征求师生意见和建议，采取科学态度，不断改进、完善而成。而教学管理制度的制定应该做到目的明确、要求适当、条款明确、便于理解。一旦建立了较完备的教学管理制度之后，就要严格参照执行，在执行过程中做到一视同仁，不能因人而异；必须做到客观公允，不能主观随意；必须做到一以贯之，不能半途而废。

三、教学计划管理

教学计划是国家教育主管部门制定的，有关教育和教学工作的指导性文件，它体现了国家对学校教学工作的统一要求，是学校组织教育教学活动的重要依据。而教学计划管理就是对未来教学工作和活动的设计，控制和指导整个教学的过程，从而使教学活动处于最佳状态，并取得最好的教学效果。在实施教学管理计划的过程中，国家教育主管部门要担当制定课程计划、编制教学大纲、组织编写教科书等任务，而学校则主要是抓好全校教学工作计划、教研组工作计划，以及教师工作计划的制定和实施。

教学计划管理的实施，主要包括制定教学计划、执行教学计划、检查教学计划、评价教学计划几个过程。制定教学计划首先要由校长主持制定全校教学工作计划，要结合本校实际情况制定出明确的、具体的、具有指导性的学校教学计划；其次是由教研组长带领制定教研组工作计划，围绕加强本教研组教师队伍建设、开展教学研究、提高教学质量为中心制定计划；最后是教师制定自己的教学计划，教师是教学过程中的主导力量，对教学过程进行计划管理，还应该对教师工作计划的制定与实施进行管理和指导。教学工作计划一旦形成，即成为一定时期内全校师生行动的依据，学校管理者要合理调度学校的人、财、物等资源，推动教学工作的开展，使教学计划由设想变成现实。

四、教学组织管理

教学组织管理是按照教学过程的规律制定教学工作的顺序、建立相应的方法，以保障教学系统有序、规范、高效运行的活动，它与教学计划管理密切相关。实施教学组织管理要从以下几个方面入手。

（一）抓好教研组建设

教研组是各科教师从事教学活动的集体，也是学校教学管理的最基层单位。抓好教研组，建立良好的教师集体，形成良好的教风，对学校教学工作的成效起着举足轻重的作用。要抓好教研组建设，首先要按照不同学科建立和健全教研组；其次制定相应的、符合实际的教研组相关规章制度，如定期会议制度、备课制度、听课制度、考勤制度等；最后要选择一位服众的教研组长，教研组长应该德才兼备，具有一定管理能力，在业务上也有较高的教学能力。

（二）合理安排课程

学校安排课程非常讲究，既要考虑教师专业背景、学识，又要考虑教师的实际教学能力和业务水平，还要适当考虑教师的年龄等特点。虽然每一位教师的任课一般是固定的，如教数学的教师一般不会去教语文，但还是要考虑适当的轮换制度，如新教师最好从低年级一直教到高年级，以至该教师对整个课程有一个完整的了解。

（三）教导处管理

教导处（教务处）是学校教学组织的管理中心，要负责编班、制表、订教材、排课等工作，还要管理学生学籍，组织考试，评估教学质量等。教导处工作繁重，加强教导处管理，主要是使教导处的工作制度化、规范化，切实提高学校教学组织管理的效果。

五、教学质量管理

教学质量是指学生经过一定期限的学习后所应该达到的规格要求。教学质量管理就是通过有效的管理、协调和控制，促使教学效果达到课程计划、课程标准和教纲所规定的要求。没有教学质量管理，教学管理将不完整，检验教学管理有效与否的一个重要标志就是教学质量，教学质量管理是教学管理的核心。如何认识教学质量管理呢？可以从以下几个方面入手。

（一）全面、完整认识教学质量

教学质量绝不仅仅指学生的考试分数，考试分数只是学生发展的一部分，而学生的发展是全方位的，包括品德、身体、审美能力、劳动、创新能力等方面。加强教学质量，就是要全面看待学生发展，并以此为指导思想开展教学质量管理活动。

（二）从教与学两方面来认识教学质量

教与学是双向活动，教学过程是教师教的过程与学生学的过程的统一。从某种意义上讲，学生的学习质量比教师教学质量更为重要。学生有没有自学能力，学生善不善于提出问题、分析问题、解决问题，学生有没有学习兴趣，这些都应该列入教学质量的范畴。教学质量管理就应该在这些方面制定出相应的评估标准和具体的管理措施。

（三）教学质量管理要面对全体学生而言

真正出色的教学质量体现在各种层次的学生都能在原来的基础上有所提高和进步，不能只关注尖子生的质量发展情况，置相对不足的学生而不顾，这不是真正的全面的质量管理，教学质量管理一定是针对所有学生而言的质量管理。

（四）确立全员教学质量管理的理念

确立全员教学质量管理的理念，即全体教职员工都要参与学校教学质量管理工作，不但主要科目的教师要参与，其他科目的教师也要参与；不但上课教师要参与，其他教职员工也要参与。学校要建立一种全员岗位责任制度，通过科学的评估和奖惩手段，调动全体教职工的工作积极性。

（五）抓好科研改进教学质量

教学质量的改进要在科学理念的指导下，运用有效的方法来获得。为此，在教师中倡导开展教育科研十分必要，也十分重要。教育科研的开展能促进教师将教学过程中遇到的问题转化为研究课题，通过科学研究寻求合理对策，逐步更新教育理念，把握教学规律，提高教学质量。

六、教学评价

教学评价是对教学活动进行价值判断，是在系统收集各种教学信息、资料和证据的基础上，对教学活动的内在价值和外在价值做出判断，进而推动教学活动不断改进的一种活动。

教学评价从不同角度可以分为几类。

（1）根据教学评价在教学过程中发挥的作用不同，教学评价可分为诊断性评价、形成性评价和总结性评价。诊断性评价就是教师在单元、学期、学年开始等时候，为查明学生学习准备状态，即影响学习的因素而实施的测定。形成性评价是在教学过程中，为改进和完善教学活动而进行的对学生学习过程及结果的测定。总结性评价也是终结性评价，即在一个大的学习阶段、一个学期或一门课程终结时对教学、学生学习成绩的总体性评价。

（2）根据所依据的标准与解释方法不同，教学评价可分为常模参照评价和标准参照评价。常模参照评价又称为相对评价，是以某个体的成绩与同一团体的平均成绩或常模相互比较，从而确定其成绩适当等级的评价方式。标准参照评价又称为绝对评价，是以具体体现教学目标的标准作业为准，确定学生是否达到标准以及达标的程度如何的一种评价方法。

（3）根据评价方法的不同，教学评价可分为定性评价和定量评价。定性评价是指对不便量化的评价对象和内容，采用定性方法，做出价值判断，具有人文化、情境化等特点的评价。定量评价是指将那些能够直接数量化、存在量化途径的评价指标进行量化评价的方式。

（4）根据评价主体不同，教学评价可分为自我评价和外部评价。自我评价是被评价者自己参照一定评价标准，对自己的学习情况进行分析判断的评价方式。外部评价是指由他人对被评价者的情况做出判断的方式。

教学评价的过程主要有以下几个环节。

(1)明确教学评价的目的。在评价之前,评价者应该明确教学评价的目的,以便设计有针对性、有效果的评价方案,采用相应的评价方法。

(2)确立教学评价的指标和标准。要根据教学目标确定评价范围,列出评价指标,制定评价标准。评价的指标体系应具有导向性、科学性、可行性。

(3)收集信息。根据教学评价的任务,围绕所确定的评价指标体系,收集那些能够回答评价问题的信息,有一些不在评价指标范围之内的、但很有价值的信息也应该收集起来备用。

(4)分析信息。评价者要对收集到的信息进行分析,对被评价者所取得的成就和所存在的问题做出实事求是的描述,将实际完成目标情况与预期进行比较。

(5)反馈信息。评价者要将收集和处理的信息反馈给被评价者。

(6)调整和改进。根据信息分析的结果,评价者和被评价者一起对教学评价的内容、方式进行不断调整和改进。

第三节　课程管理

课程管理是学校管理重要的组成部分,课程管理的成效直接制约着课程内容的实施和教育目标的达成,影响着学校管理的整体水平。

一、课程管理概论

课程是学校学生所学习的学科总和及其进程和安排。广义上的课程是一种教育性经验,是对主体产生积极影响的各种因素的总和;狭义上的课程专指学校场域中存在和生成的有助于学生积极健康发展的教育性因素以及学生获得的教育性经验。课程是教学活动的基本依据,是实现学校教育目标的基本保证,是学校一切教学活动的中介,是学校管理重要的环节。

现代主要课程类型有学科课程、综合课程和活动课程。学科课程是以学科为中心来编定的课程。主张课程要分科设置,分别从相应科学领域中选取知识,根据教育教学分科编排课程进行教学。综合课程是一种整合若干相关联的学科成为一门更广泛的共同领域的课程。综合课程可以提供整体观念,有利于联系不同知识领域,有助于学生学习和学生个性发展,有利于教学与社会方面相联系。活动课程主张一切学习都是经验的改造,主张学习必须和个人特殊经验发生联系。

课程管理就是在一定社会条件下,管理者依据一定的管理原则和运用一定的管理方法,对一定课程系统的人、财、物、课程信息等因素进行决策、计划、组织、指挥、协调和控制,有效实现一定课程系统预期目标的活动。广义而言,课程管理包括教育行政部门和学校在内的整体上对课程编制、实施、评价等工作的组织与控制;狭义而言,课程管理是对课程采取管理措施,是学校内全体教师对学校内课程系统进行调节控制的过程。

课程管理包含管理主体、管理客体、管理手段和管理目标等几个基本要素。管理主体就是课程的管理者,包括课程的主管人员和课程实施的管理人员;管理客体指课程管理的对象,包括被管理的人、财、物、课程信息等因素及其组成的课程系统;管理手段是连接课程主体与课程客体的纽带,主要指课程管理的技术、方法及对课程客体所施加的决策、组织、协调、控制和领导等职能;管理目标是管理活动所要达到的理想状态,在管理活动中处于中心地位。

二、课程管理体制

课程管理体制是国家教育行政体制的重要组成部分,是指国家课程机构设置、人员配备、职责权限及其隶属关系的划分等方面的制度体系。课程管理体制大致分为中央集权型和地方分权型两种。中央集权型课程管理体制是指由中央统一规定课程标准,制定统一的教学计划和教学大纲,编写和审定统一的教科书,确定统一的课程评价标准等。地方分权型的课程管理体制强调各地各校的具体实际情况,没有统一的课程计划、课程标准,也没有统一的教科书和统一的考试制度。

中华人民共和国成立后,我国长期实行中央集权型的课程管理体制,地方和学校缺乏选择的权利,僵化、统一的制度使得千校一面,学生的创新能力难以培养。直到20世纪90年代,我国的课程管理体制才逐步转变思维方式,寻求课程管理上的中央集权与地方分权的平衡与协调。1999年,中央政府颁布了《关于深化教育改革,全面推进素质教育的决定》,提出了“建立新的基础教育课程体系,试行国家课程、地方课程、学生课程”的改革目标。2001年教育部发布《基础教育课程改革纲要(试行)》,提出“改变课程管理过于几种的状况,实行国家地方和学校三级课程管理,增强课程对地方、学校及学生的适应性”。目前我国实行了国家、地方、学校分级课程管理体制。

总体来说,课程管理的发展呈现出中央集权与地方分权走向融合、平衡的趋势,并体现出富有时代特色的共同特点与性质。具体而言,课程管理模式发展趋势主要是民主化、规范化、弹性化和社会化。

三、课程管理的内容

课程管理的基本内容包括课程规划管理、课程计划管理、课程标准管理、教材管理、课程实施管理和课程评价管理等。

(1)课程规划管理是指国家或地方教育主管部门对学校课程建设的宏观规划和

总体方案研制的过程。实施课程规划管理必须注意在课程规划的决策过程中,既要充分发挥专家的作用,又要善于行使教育行政部门对课程管理的职能。

(2)课程计划管理是指在正式上课之前的有预见性的管理,教育主管部门要对国家制定的课程计划作必要的调整和补充,对不同区域进行有针对性的指导;学校必须按照课程计划中规定的学年教学周数和周课时数安排教学活动,正确处理好学校课程和国家课程、地方课程的关系。

(3)课程标准管理。课程标准以纲要的形式规定了各学科的内容、体系和范围,体现了国家对各学科课程内容与教学的基本要求,是国家管理和评价的基础,也是编写教材、进行教学和考试评价的直接依据。对课程标准的管理,需要处理好统一性与灵活性的关系,既要保证实现统一标准的要求,又要注意给地方、学校一定的选择权,适应地方和学校的差异。

(4)教材管理。要实行国家基本要求指导下的教材多样化政策,鼓励有关机构、出版机构等依据国家课程标准组织编写教材。建立编写核准制度,完善教材审查制度,并逐步建立教材评价制度和在教育行政部门及专家指导下的教材选用制度。

(5)课程实施管理,是将课程方案付诸实践,将理想课程变成现实课程的过程,其本质是一个教学过程。

(6)课程评价管理。课程评价是对课程价值的研究过程,课程评价可以起到诊断课程、修正课程、比较课程的相对价值、预测教育需求、确定课程目标达成度等方面的作用。课程评价管理主要涉及学业成就测验的管理和发展性课程评价管理。

四、课程设计

课程设计是指设置课程目标、课程体系、课程结构和课程内容等课程组织活动。其是在学校教育环境中,旨在使学生获得的、促进其迁移的、进而促使学生全面发展的、具有教育性经验的计划。学校在执行国家课程和地方课程的时候,一定要充分考虑学校本身的实际情况,结合学生的兴趣和需要,开发和选用适合本校的课程。

课程设计一般包括培养目标、课程体系、课程结构和课程设置几个方面的内容。培养目标是指依据国家的教育目的和各级、各类学校的性质、任务提出的具体培养的要求。例如,我国的义务教育、普通高中教育和不同的高等教育都有各自的、明确的培养目标。

课程体系是指在一定的教育价值理念指导下,将课程的各个构成要素加以排列组合,使各个课程要素在动态过程中统一指向课程体系目标实现的系统。课程体系是培养目标的具体化和依托,是保障和提高教育质量的关键,是同一专业不同课程门类按照门类顺序的排列。课程结构是课程内部各类型、各要素和各成分之间合乎规律的组织形式,它主要解决课程内部之间的协调问题,是课程目标转化为教育成果的组带,也是课程实施顺利开展的重要依据。课程设置是指学校选定的各类课程的设立和安排,如在我国中小学课程计划中,设置了学科类课程和综合实践类课程两种类型,普通高中课程计划设置了必修和选修两大类。

第四节　教务管理

教务管理是教学事务管理的简称,是保证课程实施而进行的教学组织建设、教学研究、教学行政等方面的管理活动,是学校管理不可分割的重要组成部分。

一、教务管理概述

教务管理是教务处在分管校长领导下,按照学校的整体要求,有计划、有目的、有组织地进行具体的管理职能的活动。通过学校的各职能部门,对学校的教育、教学活动行使组织、调度、监督、检查等管理职能,按计划的轨道实行教育教学的目标。这是办好学校,保证正常教学秩序,提高教学质量的重要条件。因此,不断加强和改善教务工作的管理,是学校管理人员的一项经常性的基本任务。

教务管理对学校管理有着重要的和意义作用,其可以对学校教育、教学活动的进度、质量等情况进行统计分析,为校领导做出决策提供重要的参考;其可以行使教育教学工作监督、检查、调节、控制等管理职能,使学校教育教学工作沿着预定的轨道顺利向目标前进;其可以将教学活动的各种因素尽可能优化地组织起来,使各因素在教学活动中充分发挥作用,取得预期的教育教学效果;其可以通过具体的教学活动安排,如课表安排等,为教师教学解决后顾之忧,服务好教师,为教学顺利开展提供有力保障。

教务管理主要有以下几项需承担的重要管理任务。

(1)全年落实和完成学校设定的教学计划、教学大纲和教科书规定的任务。

(2)通过各种行政手段,确保教学工作顺利开展。

(3)做好教学、行政、学籍等各项资料的积累、分析、归纳、保管等工作。

(4)做好教学设备使用、保管等工作。

(5)研究教育规律,探讨教学改革,指导教师申报各类科研项目。

(6)做好教务管理人员的培育工作。

二、教务管理的组织

教学组织是一个纵横交错的系统,是包括主管教学的校领导、教导处、教科处、教研组、年级组等在内的教务管理系统。教导处和教研组是其中最为重要的组织单位。

教导处是在校长领导下的学校管理教育、教学工作的主要行政机构,是学校教学管理指挥系统的中枢，在整个学校教学管理中起着不可或缺的作用。首先，教导处负责组织和安排整个学校的教学活动，起着调度的作用；其次，教导处负责组织学校工作计划中有关教导部门的实施，并在实施中进行督促、检查和随时向学校领导反映实施过程中的情况并提出建议，起着参谋和助手的作用；最后，教导处要从组织、时间和教学仪器设备上为教学工作创造各种必要条件，起着为教学服务的作用。

教研组是教学的基层单位，是通过教学研究工作提高教师思想、业务水平的教学研究组织。教研组在校领导和教导主任（教务处长）领导下开展工作，要建立良好的教师集体，形成良好的教风，必须抓好教研组的建设。抓好教研组建设，首先要按照不同学科建立健全各教研组，一般三人以上同一学科就可以成立教研组；其次要制定相应的规章制度，定期开展活动；更为重要的是要选拔一位政治思想水平过硬的、业务水平较高的、组织能力较强的、有一定威信的教师担任教研组长；同时，校领导和教导主任要定期深入教研组，对教研组的工作进行具体指导和帮助，如组织专题讨论、组织教学观摩、组织教师座谈等。

三、教务管理的内容

教务管理关系到教学秩序的运行和教学质量的提升，教学管理内容繁多，但都非常重要，不可忽视。

（一）编班与注册

当来自不同地方的学生进入学校以后，首先就应该编班。编班是要把年龄、知识水平基本相同的学生，按照一定数量分配到各平行班。做好编班工作，对建立良好的班集体、培养良好的班风，具有十分重要的意义。班级编好以后，应该保持稳定，不要轻易变动，使学生都有一个基本稳定的学习环境。编班以后，还要报到注册，以取得学籍，成为一名正式的学生。

（二）发放课程表

课程表是学校日常教学工作和其他相关工作的指挥调度表，它能把全体教师、学生和工作人员的工作组织起来，确定一天、一周、一学期课堂教学的安排。课程表不仅是教学过程的组织标志，还是提高教学质量的有效手段。课程表的制定不能有随意性，要有利于提高学生学习效率、要有利于教师教学、有利于教学设备的充分使用、有利于开展教研活动、有利于课外活动的开展。课程表一旦排定，不能随意变动，而且要用较为合适的方法进行发放。

（三）发放作息时间表

作息时间表规定了学校上课、下课、用餐、休息的时间安排，是学校的总调度表，根据季节不同，及时调整，一般有春季作息时间表和夏季作息时间表。教导处应该根据时节变化和学校实际情况安排好全校的作息时间，并及时将作息时间表发放给师生，让他们有据可依。

（四）学籍管理

学生学籍管理是教务管理的重要内容，一般有专人负责。全校学生的学籍名册要分班、分年级印好，装订成册，归档保管；要建立学生的学籍卡（学籍表），记载学生每学期、学年的学籍内容；学生自入学到毕业的学习成绩，奖惩情况；学生转学、休学、复学、退学、毕业等证件的存根等内容。

（五）档案管理

为了掌握学校发展历史中的基本材料，必须对教务档案进行管理。教务档案管理主要分为教师业务档案管理和学校教务档案管理。教师业务档案管理包括教师的基本情况、每学期任课情况、教学工作计划和总结情况、科研情况、教案情况、进修情况和考勤情况等。学校教务档案管理包括教学计划和总结、教学档案和教学质量分析等内容。

（六）教学设备管理

教学设备是教学的重要工具，是实现现代化教学、提高教学质量的重要条件。教学管理需要由专人对这些教学设备进行有效的保管和使用。

（七）查课排考

教导处（教务处）还有义务定期或不定期抽查教师上课情况和学生学习情况，要有领导或安排专门人员巡视上课情况，或定期听课，在查课过程中及时发现问题，随时解决。除此之外，教导处（教务处）还要对每学期的期中、期末考试进行安排，主要安排考试时间、考试内容和监考人员等。

（八）教材管理

教材是根据课程标准编制、系统反映学科内容的教学用书。教材是课程标准的具体化，学校教学管理也包括教材预定、发放等工作。

第七章　教育科研管理

教育科研与教学一样，都是学校的重要工作，教育科研是以教育科学理论为根本，以教育领域发生的事件为现象，以探索教育规律为目的的创新性认识活动。教育科研是有目的、有计划、连续和系统的探索活动。学校领导有责任为教育科研活动提供有效管理。

第一节　教育科研管理概论

教育科研管理是学校管理的一个重要组成部分，与教学同样重要，但是如何处理好两者的关系是学校管理的难题。这就需要先了解和认识什么是教育科研？教育科研的意义何在，有什么任务？

一、教育科研概论

教育科研是教育科学研究的简称，是探索和认识教育客观规律的有效途径，要改进教育实践、认识教育规律，就离不开教育科研。教育科研与所有科学研究一样，由科学理论、客观事实和方法技术三个基本要素组成。所以，教育科研是以教育理论为武器，以教育实践为对象，以科学的方法为手段，研究教育的发展变化。

教育科学门类很多，大致可以分为四类：第一类是理论方面，如教育学、教育哲学、教育经济学、教育管理学和教育社会学等；第二类是历史方面，如中国教育史、外国教育史和近现代教育史等；第三类是应用方面的，如教学法、教育统计学、教育测量学、教育行政学和学校管理学等；第四是技术方面，如教育工艺学和教育技术学等。

随着社会发展和时代进步，教育过程中出现了很多新的、不好解决的问题，这些新问题需要通过教育科研进行探索，从而找到方法解决。由此，教育科研有着非常重要的意义，具体而言有：①教育科研可以促使教育决策的科学化；②教育科研是教育理论与教育实践之间的桥梁，为教育科学理论转化为教育实际提供了条件；③教育科研是提高学校教育教学质量和整体办学水平的重要手段；④教育科研为教师专业发展开辟了重要途径；⑤教育科研为有远见、有抱负的教育改革家提供了教育实践的舞台。

教育科研必须坚持几条重要原则，方能端正研究方向，做出较好的研究成果。第一，理论联系实际，要调查研究，要了解教学现状，要从实际出发。第二，为提高教育质量服务。教研科研的目的是提高教育质量服务，明确这个研究目的，就不会浪费时间和精力。第三，要开展教育实验。开展教育实验是为了取得数据，用客观事实更好地说明问题，没有教育实验，就不可能提出新的教育理论。第四，敢于创新，体现中国特色。教育科研与其他科研一样，要敢于创新，不要人云亦云，要结合中国当代教育实际情况，不能照搬照抄别国的教育成果。

二、教育科研管理

教育科研管理是结合实际情况，组织相关资源，探究教育问题，提高教育及管理有效性的活动过程，也是学校教育科研规范化、科学化的重要标志。

教育科研管理具有特定的意义，具体如下。

（1）有利于学校科研工作的规范化。教育科研管理必须建立科研管理机构，制定一系列的管理法则或条例，配备合适的科研经费，这都是教育科研规划的必要条件。

（2）有利于提高教育科研工作质量。教育科研管理的目的是通过科学的方法和手段，有效组织广大教育人员参加教育科研。

（3）有利于教育工作者的科研发展。有效的管理可以通过强化激励功能调动被管理者的积极性和创造性，教育科研管理也是如此。

（4）有利于推行教育改革。教育改革是学校教育永恒的课题，学校要协调教育与社会、教育与身心发展的关系。教育管理能促进教育改革向前进。

教育科研管理主要是为教学和科研服务，学校领导要调动学校相关资源，为教育科研做好后勤工作，教育科研的主要任务如下。

（1）制定计划。要将教育科研纳入学校总计划中，明确各阶段的研究重点，合理利用各种资源，使教育科研能为教学工作服务。

（2）组织课题研究。课题研究是教育研究的重要载体，计划确立后，学校要依据课题的不同层次、不同类别，有组织地进行课题申报工作。

（3）奖励优秀成果。学校要对优秀教育研究成果的取得者给予奖励，要建立和完善激励机制，充分调动每一位教师开展教育研究的积极性。

（4）提高教研人员水平。教育科研对研究者有较高的要求，学校需要对研究者进行有计划的培训，不断提高研究者的素质，使他们善于发现和选择有价值的研究问题，并自觉运用教育理论指导教学，将教学研究与课题研究融为一体。

（5）档案管理。科研档案是人们从事教育科研活动中形成并经过整理的科研文件材料，是本单位科研活动的真实记录，科研档案管理可以全面反映科研活动过程，同时也为后人检索资料提供方便。

第二节　教育科研管理的内容

教育科研管理可以促进学校规范教育研究行为，发挥教育研究作用，提升学校教育质量及文化品位。学校教育科研管理主要内容由以下几部分组成。

一、组织管理

教育研究组织是专门从事教育科学研究的专门机构。中国设立教育研究机构的时间相对较晚，但随着国家对教育的重视，学校规模的不断扩大，科研任务的不断增多，许多学校成立了专门的教育研究处（简称教研处），由校长或者分管校领导直接领导，有些还设立了教研组、编辑组、顾问组和评选组等。教研处一般设有处长（主任）、副处长（副主任）和工作人员，教研处一般有组织和管理教研工作、编定教研工作相关制度、制定教育研究发展规划、鼓励广大教师积极参与教研工作、组织协调各部门配合研究、建立科学的管理工作程序、做好咨询和服务等工作、做好监督和检查等工作职能。

要让教育研究组织发挥最大效能，必须研究人才结构，对高、中、初级职称的人才进行科学、合理的安排，只有组织协调好人才，才能组成凝聚力大、向心力强的教研队伍。同时，学校教研机构与其他教育教学机构及学校外的有关组织机构应该是一个协调的大系统。在校内，教务处、后勤处（总务处）应该有横向沟通，了解教研处在实践中的问题，求得他们对教育研究的支持，调动他们参与教育研究的积极性，以保证学校教育研究工作与教育教学工作相统一；在校外，可以协调好与校外专职教育研究机构的关系，争取优势互补，形成教育研究的整体力量。

二、课题申报、评审管理

教研管理机构应该鼓励教研人员积极申报各类教研课题。教研课题的申报主要采用三种形式：一是推荐申报，即由各级学校或教育科研机构组织人员根据自身情况，自由申报课题，经过初步筛选，向上级机构推荐；二是招标，由各级教育研究部门提出选题范围和选题原则，发布课题指南，后由教育科研人员投标，投中者可以进行课题研究；三是指定申报，即把有关课题直接指定交给相关的单位或人员去实施。教育科研课题的申报要尽可能体现“源于学校，服务学校”的原则。学校可由教师个人根据自己在教学实践中存在的问题提出课题方案，经学校教研组共同讨论，明确研究价值、意义及操作过程后，由教研组推荐到学校申报立项。

课题评审是课题评审部门组织相关专家，按照规范的程序和公允的标准，对课题进行的咨询和评判活动。课题评审的过程一般如下。

第一,成立课题评审专家组。成立专家组要充分考虑专家的代表性、学科性和互补性,专家的人数和专业都应科学合理。

第二,设计课题评审方案。在课题评审时,必须明确评审的目的、范围、内容、程序、方式、评审专家人数、评审纪律、评审意见格式和要求等。

第三,评审研究者。在确保课题科学性的基础上,要研究者的研究能力是否能完成本次课题研究。

第四,陈述答辩。有些课题需要研究者陈述本课题的研究目的、价值和特色、预期成果等内容,评审专家根据研究者的陈述提出相关问题,研究者照实回答。

第五,确定评审结果。评审结束时,评审专家必须向有关部门提交书面课题评审意见,评审组组长汇总专家组集体意见,最终确定评审结果。

在经过课题评审组评审后就可以立项。立项一般采取与研究者签订科研合同或协议书的方式予以确立。在课题立项过程中,要做到突出重点,统筹兼顾,一方面对教育课题中的一些重大问题、前沿问题重点扶持;另一方面要做好课题立项的综合调控,尽量不出现有的研究领域无人问津,有的研究领域多人反复研究的现象。

三、课题经费管理

教育科研需要经费的支持,教育科研经费是通过各种渠道获得的,用于开展教育科研活动的经费。教育科研经费是开展教育科学研究的一项基本保证,加强教研经费管理,其目的在于用最小的消耗获得最大的经济效益和社会效益。学校教育科研经费无论来源如何,都应该编制开支计划。一般来说,课题经费开支包括资料费、国内外调研差旅费、会议费、专家咨询费、出版费和成果鉴定费等。这些开支要有所侧重,不能平均分配。通常来说,差旅费和出版费所占比例较大。

课题经费主要来源有:一是国家财政拨款,包括中央和地方财政对"教育事业费"拨款中的"科学研究经费";二是科学基金,如自然科学基金、社会科学基金,以及其他专项基金;三是科研协作费,即教育科研单位与其他部门横向合作开展科研活动,由委托方按协议拨给受委托方的经费;四是有偿服务费,如教育科研部门的应用研究、开发研究成果进入市场,转化的资金再为开展教育科研工作服务。

教育科研经费的管理,一般采取一次核定、分期拨款、单独建账、专款专用、结余留用和超支不补的办法。避免将教育研究经费用于发放工资福利、进行基本建设、购置固定资产及其他与教育科研无直接关系的开支上。课题经费要由课题负责人全面负责使用,所有课题成员都要自觉遵守经费管理制度。学校的财务部门或课题资助单位对课题研究经费进行监督,对无故不完成研究任务或自行中止研究工作的课题,要停止拨款,并追回拨出部分;对严重违反财务制度、贪污挪用课题经费者,要承担相应的法律责任。

四、成果评价管理

教育科研成果是教育科研人员通过研究所取得的具有一定社会和学术价值的知识产品，其形式可表现为基础理论、应用研究和开发研究等。教育科研成果的具体表现形式有专著、科研报告、论文、资料汇编和音像资料等。教育科研课题按时完成后，即成为教育科研成果，科学地评价教育科研成果，对于完善和推广教育科研成果，改进教育科研工作，推动教育科学和教育实践的发展，具有十分重要的意义。

教育科研成果的评价要先确定评价的标准，明确评价方向，评价积极因素有哪些，消极因素有哪些，评价标准对不同类型的研究成果的侧重点应有所不同。鉴定教研成果，一般来说可以从社会价值和学术价值两方面入手。社会价值就是教研成果对当前教育改革和发展的积极作用，主要表现在为教育部门提供某一教育问题的理论和解决教育问题的建议、方案和方法，并在实践运用中取得一定的社会效益和经济效益。学术价值是科研成果在学术上的贡献，主要表现在理论和方法应用的深度、广度，理论观点上的创新，研究方法上的突破，某一领域空白地填补，以及对其他学科的启迪意义等。

当教育研究课题完成后，课题负责人及其所在单位及时向组织坚定单位提出成果鉴定、申请填报研究成果鉴定申请表。鉴定一般采取专家评议，可以采取会议鉴定和通信鉴定两种方式。专家组成员本着科学精神，坚持实事求是、公平合理的原则，对科研成果提出客观、公正和全面的意见。最后，由鉴定单位发放科研成果鉴定证书。

为了发现和肯定优秀科研课题成果，提高教育科研的水平，相关单位会定期或不定期对教育科研成果进行评选和奖励，并在此基础上推广。课题成果的评选要坚持公正、公开和公平的原则，组织有关教育科研专家严格按照评选标准和评选程序评审，并对评选出来的优秀课题成果进行物质上和精神上的奖励和表彰。

五、档案管理

档案管理是教育科研管理的职能之一，要提高学校教研水平和质量，需要对相关文书、教研人员、教研项目和教研成果进行有序的管理，以便考查。

（1）文书档案管理。教研文书档案主要有上级主管部门的教育研究文件和学校教育研究材料（包括有关制度、会议记录）等。

（2）研究人员档案管理。要搞好教育研究首先要有良好的研究队伍，有效管理教研人员档案室建设教育研究队伍的重要机制。教研人员的档案有教研人员的基本情况、学历学位、专业职务、学术水平和研究成果等。

（3）项目档案管理。项目档案管理包括对项目来源、类别、课题名称、资助经费、负责人、参加者、研究周期、进展情况、阶段性成果、预期目标和评价结果等。

(4)成果档案管理。教育研究必定有相应的研究成果,成果档案包括成果作者、名称、形式、出版者、出版日期、获奖情况和社会效果等内容。

六、科研人员培训

教育科研人员的素养对教育科研的效果有着举足轻重的作用。教育科研人员的职业素养主要有以下几方面。

(1)职业道德,就是科研工作中应该遵循的行为准则和规范。科研人员应该不怕辛苦,不计得失,无私奉献,实事求是,不急功近利,不沽名钓誉。

(2)知识结构。科研工作决定了研究者必须要有广博的基础文化知识和教育科学和教育心理方面的专门知识。

(3)能力结构。科研人员的能力要求是多方面的,如感悟力、思维能力、创造力、研究能力和评价能力等。

随着科研队伍不断扩大,科研人员的培训尤为重要,有学者称:“未来的教育与其说在被训练为富有组织创造性,参与性和训练性学习使命的教育家,不如说在被训练为各学科的研究者。”① 教育科研人员的培训方式应该是多样化的,主要有以下几种。

(1)脱产进修,使学习者在一定时间内集中学习有关教育理论和科研方法,听取国内外专家学者讲课,共同讨论相关问题,这对提高科研人员的水平有极大的帮助。

(2)业余轮训。即边学习、边工作的培训费方式,通过定期或不定期学习,并结合工作实际,能有效提高自身的理论水平和研究能力。

(3)基层学校学习。即让研究人员直接到基层学校学习,正所谓实践出真知,亲自参加实践,了解教育教学现状,找到课题研究突破口,有针对性地提出一些研究课题。

(4)参加各类学术会议。研究人员定期或不定期参加与教育相关的各类学术会议,在会议上认识与自己志同道合的研究人员,并了解学科前沿。

(5)自学。科研人员针对自己的不足,制定学习计划,利用业余时间,持之以恒学习自己所需要的知识。

第三节 教育科研机构

教育科研机构是专门从事教育科学研究的组织和部门,其性质是双重的:一方面

① S·拉塞克,G·韦迪努.从现在到2000年教育内容发展的全球展望[M].马胜利,译.北京:教育科学出版社,1992.

承担着大量的教育科研任务;另一方面又要担负起对教育研究工作的指导和管理。

当今世界,国际交流与对话日益频繁,各国政府和世界性组织建立了许多科研机构和学术团体,如联合国教育科学及文化组织、国际教育成就评价协会、教育研究和革新中心等。我国近代教育科研机构产生于清朝末年,1905年清政府正式设立学部,作为统辖全国教育的中央教育行政机构。1945年国民政府教育部设教育研究委员会,负责教育研究于规划工作。1941年,中共中央研究院成立了教育研究室,负责研究创立新民主主义教育理论,培养掌握教育理论和政策的干部。

中华人民共和国成立以后,国家及各省、各市、各区县教育行政部门以及高等院校都先后成立了教育教育研究机构,专门从事教育科学研究。如有全国教育科学规划领导小组,其主要是编制国家教育科学发展规划、管理国家教育科学规划重点研究项目、协调全国教育科学研究工作、制定国家教育科学研究指南项目、组织鉴定国家教育科学重点研究项目成果等。还有中央教育科学研究所、地方教育教育科研机构、高效教育科研机构和教育科学学术团体等。

近年来,各学校也成立了自己的教育科研机构,其主要职能如下。

(1)认真贯彻党和国家的教育方针、政策,运用科学的理论和方法探讨本校的教育改革。

(2)组织教职工学习现代教育理论和教育思想,普及教育科研知识。

(3)制定本单位教育科研计划,组织学校课题申报工作。

(4)检查和监督课题执行情况,及时解决课题实施过程中的不同问题。

(5)组织专家鉴定课题成果,并对科研成果进行奖励。

(6)加强科研办公室建设,做好课题资料收集、整理和归档工作。

(7)编辑学校的科研信息报,订阅与科研相关的杂志和资料。

(8)监督、检查科研经费的使用情况。

第八章　校长管理

学校目前实行的是校长负责制，校长是学校行政的第一负责人，处于学校管理系统的核心地位。校长的思想、行为和作风在学校工作中影响全局。

第一节　校长管理概述

校长是主持学校行政事务的人。校长在学校的地位极为重要，他受国家委托，对外代表学校，对内负责领导全校的教育、教学和行政管理工作。

一、校长制的发展

校长上要对国家负责，下要对学生负责；要领导全体教职工担负起培养、教育祖国下一代的重任。有人认为学校办得好不好，“以校长的得人与否为权衡”[①]。改革开放以来，校长更是在学校工作中以至于整个教育事业进程中均处于重要地位。因为经济发展靠科技，科技靠人才，人才培养靠教育，而教育的改革和发展，关键在校长，由此可见校长的重要性。

中华人民共和国建立之初和第一个五年计划期间，校长对学校的影响较大，校长对校内事务具有决策权。1952 年 3 月教育部颁布的《中学暂行规程（草案）》中明确规定中小学实行“校长责任制，设校长一人，负责领导学校工作”。1958 年兴起“教育革命”，校长权力大大削弱。1963 年 3 月教育部颁布的《全日制中学暂行工作条例（草案）》《全日制小学暂行工作条例（草案）》又重新规定了：“校长是学校的行政负责人，在当地党委和主管的教育行政部门领导下，负责领导全校工作。”但不久就发生了“文化大革命”，校长责任制受到了批判。“文革”结束后，1978 年 9 月教育部颁布了《全日制中学暂行工作条例（试行草案）》，规定“实行党支部领导下的校长分工负责制，学校一切重大问题必须经过党支部讨论决定”，校长自主权较低。改革开放后，1985 年 5 月公布的《中共中央关于教育体制改革的决定》明确规定“学校逐步实行校长负责制”，1992 年 2 月印发的《中共教育改革和发展纲要》进一步具体规定：“中等及中等以下各类学校实行校长负责制”，校长享有较大的办学自主权。

---

① 罗廷光. 教育行政（上册）[M]. 北京：商务印书馆，2010.

二、校长的素质

实行校长责任制后,校长的办学自主权扩大了,校长素质的好坏对学校影响很大。校长应具备的素质,既不能苛求,也不能降低要求。因为校长是一校之长,他的素质应该高于一般教师,所谓“校长是教师的教师”。那么,一位合格的校长应该具备哪些基本素质呢?

(一)政治素质

政治素质是政治主体在政治社会化过程中所获得的对他的政治心理和政治行为发生长期稳定的内在作用的基本品质,是社会政治理想、政治信念、政治态度和政治立场在人的心理中形成的,并通过言行表现出来的内在品质。学校校长的政治素质主要表现为:有坚定的政治信仰,要贯彻落实党的教育政策,热爱社会主义教育事业,热爱学生,积极主动为社会主义教育事业奋斗和奉献。如果没有良好的政治素质,工作中就会缺乏责任感,没有为社会、为师生的服务观念,其所带领的学校就会走入歧途。

(二)业务素质

校长要有过硬的业务素质,主要表现为:要有相应的学历和较高的文化水平和专业知识;要懂得办学规律、教学规律,要有教育学、心理学、教学法、教育史等相关理论知识;要有组织能力,把学校的人、财、物用在刀刃上,使每位员工各司其职,各尽其责;要有雷厉风行的工作作风,不能推诿、拖沓;要善于思考,善于同群众商量,发扬民主作风,不能骄傲自大和自以为是;要沉着、冷静、不主观、不急躁,以理服人等。

(三)思想素质

思想素质与政治素质紧密相连,但又有区别。政治素质主要指一个人的政治方向、政治立场、政治品德和政治信仰等,而思想素质主要指一个人的心理品质。政治素质影响着思想素质,但思想素质的好坏,并不完全取决于政治素质。一般来说,校长的思想素质主要是要严于律己、宽以待人、实事求是、按规律办事、勇于创新、大胆改革等。

(四)文化素质

校长要具有广阔的知识范围和良好的知识结构,不仅要具备很好的学校管理知识,还应该具备全面的科学文化知识,做一个博学多才的校长,才能在教师中树立起威信,发挥自己的影响力。同时,校长还要有很好的表达能力,包括口头表达能力和书面表达能力,这样才能有效指导学校工作,不断提升学校管理水平。

(五)心理素质

良好的心理品质是一种身体、心理和社会适应上的最佳状态。作为校长,应该加强自身心理素质修养,保持乐观稳定的情绪,以增加微观和宏观的调控能力,处理好自我、群体与事物三方面的关系。具体而言，校长良好的心理素质表现为：公正待人、乐观合群，能与教师做朋友，能与学生交心，爱护师生。

三、校长的威信

校长应该在师生中树立威信，否则校长说话没人听，命令没人服从，学校管理就无从进行。

威信就是威望和信誉。一个有威信的人，能得到群众尊重、信赖、拥护，简而言之就是“信得过”。校长在学校管理过程中要树立威信，就是要得到师生的尊重、信赖和拥护。威信是校长开展管理活动中最宝贵的东西，有了威信，校长才能更好地贯彻国家的教育方针、处理学校的各种问题；有了威信，校长发出的号召和提出的倡议才能得到大多数人的响应，对进行教育改革、实现学校远景规划是非常必要的；有了威信，校内人际关系将是融洽的，即使产生矛盾，校长也可以及时解决；有了威信，校长对调动教职工工作的积极性、稳定教师队伍、培养良好校风都有巨大的作用。

校长要建立和巩固自己的威信，就必须明白威信不是上级授予的，是靠自己踏实努力工作逐步建立的；威信不是自封的，是在日常工作中尽职尽责，用自己的身体力行慢慢树立的；不要只树立校长个人威信，要树立领导集体威信，才有利于发扬民主作风，发挥集体智慧，更有利于团结。有了威信，校长也不能滥用职权，不能骄傲自满，因为建立威信很难，丧失威信很容易。

校长要建立和巩固自己的威信，应该从以下几个方面去完成。

（1）校长要以身作则，身先士卒。在管理过程中，身教胜于言教，所谓“其身正不令而行，其身不正，虽令不从”[①]，作为校长，要求别人做到的，自己首先应该做到，而且要做得很好，这样群众才能和领导同心同德。

（2）襟怀坦白，实事求是。校长做人处事要公道正派，是非分明，奖惩公正，功过分明，在处理事情的时候能秉持公正，这样才能让群众信得过。

（3）要有较高的专业素养，特别是在教学方面有自己的独到见解，甚至校长本身就是教学高手，这样才能让其他老师信服。

（4）多谋善断，具有决策力。在处理学校纷繁复杂的事务时，校长要能做出准确的判断，做出的决定要有科学依据，切实可行，让群众心服口服。

（5）具有决策力。校长要做到言必信，行必果，决定好的事情就要狠抓落实，使群众切实感到领导的决定有权威，从而产生责任感。

（6）民主作风，领导气魄。校长要敢于批评与自我批评，敢于坚持真理，勇于纠正错误，主动承担责任，不居功，不推诿，要善于广开言路，广泛听取不同意见和建议，并能虚心纳谏。

---

① 孔子. 论语·子路[M]. 北京：中华书局，1991.

(7)关心下属。校长要真正关心下属的生活和工作,帮助他们解决困难,成为群众真正信服的领导。

四、校长的领导方式

领导方式是校长行使权力去影响下属行为的行为模式,是校长在领导活动中所表现出来的一种较为突出的和稳定倾向和特征,体现了领导过程中校长和下属之间的关系。

校长的领导方式大致有以下几种。

(一)专断型

专断型领导方式是一种强调学校所有权力高度集中统一的领导方式,学校的所有决策由校长做出,下级无权参与,而且必须无条件尊崇和执行校长的决定。这种领导方式可以提高工作效率,形成严明的纪律和统一的行动。但这种方式严重束缚了教职工的工作积极性,不易培养优秀人才,也不利于组织长期发展。

(二)民主型

民主型领导方式是承认教职工与校长一样,都是学校的主人,工作中许多事情要依靠广大教职工。这种方式能引导教职工更多参与决策和整个管理过程,能给教职工很大自主权。故这种方式能减少决策中的失误,赢得群众支持,发挥教职工的才干,容易发现和培养人才,形成良好的组织氛围。但这种工作方式效率相对较低,决策权贯彻不彻底。

(三)放任型

放任型领导方式是校长完全或大部分放弃职责而任由下级各行其是、各自为政的一种领导方式,主要表现为在工作上无目标,或有目标而不监督实行,对教职工无要求,无规章制度,工作睁一只眼闭一只眼,绕开矛盾走,得过且过。这种领导方式会导致工作失控,组织涣散,非常不利于组织发展。

(四)权变型

权变型领导方式源自20世纪70年代崛起的权变领导理论。其认为领导方式的有效性不是由某一种因素或少数几个因素来决定的,而是许多因素的相互作用的结果,与领导者所处环境的关系甚大,在不同的环境下,各种不同类型的领导方式都可以为现实组织的目标做出贡献。同时,领导者的领导方式与其本人的价值观和行为方式有很大关系。这种方式对于校长来说,要根据不同组织情景调整不同领导方式。

第二节　校长的职责

时代不同,校长的职责也不尽相同,甚至同一社会、同一时期的学校,由于学校内部领导体制不同，校长的职责也有很大差别，但基本内容大致相同，如表 8-1 所示①。

表 8-1　校长职责内容

职责	要求（内容）	
规划学校发展	专业理解与认识	明确学校办学定位，履行实施教育的工作使命，保障学生接受教育的义务，保障有困难的学生享受教育的权利 注重学校发展的战略规划，凝聚师生智慧，建立学校发展共同目标，形成学校发展合力 尊重学校传统和学校实际，提炼学校办学理念，办出学校特色
	专业知识与方法	熟悉国家法律法规、教育方针政策和学校管理规章制度 把握国内外学校改革和发展基本趋势，学习优秀办学经验 掌握学校发展规划制定、实施与测评的理论、方法与技术
	专业能力与行为	诊断学校发展现状，及时发现和研究分析学校发展面临的主要问题 组织社区、家长、教师、学生多方参与制定学校发展规划，确立学校中长期发展目标 落实学校发展规划，制定学年、学期工作计划，指导教职工制定具体行动方案，并提供人、财、物等条件支持 检测学校发展规划的实施，根据实施情况修正学校的发展规划，调整工作计划，完善行动方案
营造育人文化	专业理解与认识	把德育工作放在教育的首要位置，全面加强学校德育体系建设 将学校文化建设作为学校德育工作的重要方面，重视学校文化潜移默化的教育功能，把文化育人作为办学的重要内容与途径 热爱祖国优秀传统文化，充分发挥优秀传统文化的时代意义与教育价值
	专业知识与方法	广泛涉猎自然科学与人文社会科学知识，具有良好的艺术修养和相应的艺术欣赏与表现的知识 了解校园文化建设基本理论，掌握促进优秀文化融入学校教育的方法和途径 掌握学生思想品德形成和健康心理发展的特点与规律，了解学生思想与品行养成过程及其教育方法
	专业能力与行为	美化校园环境，精心营造人文氛围，建设优良的校风、教风、学风，设计体现学校特点和教育理论的校训、校歌、校徽、校标 精心设计和组织各类校园文化活动，开展有意义的主题教育 建设绿色健康的校园信息网络，向师生推荐优秀的精神文化作品和先进模范人物 凝聚学校文化建设力量，发挥教师、学生及社团的主题作用，为少先队、共青团、学生社团、党支部、班级活动提供必要条件

① 萧宗六. 学校管理学[M]. 北京：人民教育出版社，2008.

续表

职责	要求（内容）	
领导课程教学	专业理解认识	面向全体学生，因材施教，全面提高教育教学质量 尊重教育教学规律，注重培养学生的责任感、创新精神和实践能力 尊重教师的教学经验和智慧，积极推进教学改革与创新
	专业知识与方法	掌握学生不同发展阶段的培养目标和课程标准 了解课程编制、课程开发与实施、课程评价的相关知识和教材、教辅使用政策 掌握课堂教学以及教育信息技术应用的一般原理与方法
	专业能力与行为	有效统筹国家、地方、学校三级课程，确保国家课程、地方课程的落实，推动校本课程的开发与实施，为学生提供丰富多样的课程教学资源 认真落实课程标准，确保校园活动 建立听课与评课制度，深入课堂听课并对课堂教学进行指导 积极开各类教研活动和教学改革，建立完善学生全面发展的教育教学评价制度
引领教师成长	专业理解与认识	尊重、信任、团结和赏识每一位教师 将学校作为教师实现专业发展的主阵地 尊重教师专业发展的规律，激发教师发展的内在动力
	专业知识与方法	把握教师职业素养要求，明确教师的权利与义务 掌握教师专业发展的理论以及指导教师开展教育教学实践与研究的方法 掌握学习型组织建设的方法以及激励教师主动发展的策略
	专业能力与行为	建立健全教师专业发展的制度，推行校本教研，完善教研训一体的机制 关注每一位教师的发展，指导教师根据自身发展特点制定专业发展计划，推行信息技术在教师专业发展中的应用 开展师德师风教育，落实教师职业道德规范要求 维护和保障教师合法权益和待遇，关爱教师身心健康，建立激励机制
优化内部管理	专业理解与认识	坚持依法治校，自觉接受师生员工和社会的监督 崇尚以德立校，处事公正、严于律己、廉洁奉公 倡导民主管理和科学管理，坚持教书育人、管理育人、服务育人
	专业知识与方法	把握国家相关政策对校长职责定位和工作要求 掌握学校管理的基本理论与方法，了解国内外学校管理的变化趋势 熟悉学校人事、财物、后勤、网络、保卫、健康等管理实务
	专业能力与行为	形成学校领导班子的凝聚力，听取党组织对学校重大决策的意见，充分发挥党组织的政治核心作用 尊重和支持教职工代表大会参与学校管理的民主权利 建立、健全学校人事、财物、资产管理等规章制度，提高学校管理规范化水平 打造平安校园，建立和完善学校各种应急管理机制，正确应对和妥善处理学校突发事件

续表

职责	要求（内容）	
调适外部环境	专业理解与认识	把服务社会（社区）作为学校的重要功能，勇于承担社会责任 把合作共赢作为学校对外关系准则，积极开展校内外合作与交流 坚持学校与家庭、社会（社区）的良性互动
	专业知识与方法	掌握学校公共关系及家校合作的理论与方法 了解社区、学生家庭的基本情况，积极获取与学生成长、学校发展的相关信息 熟悉各级各类社会公共服务机构的教育功能
	专业能力与行为	优化外部育人环境，努力争取社会（社区）的教育资源对学校教育的支持 充分发挥家长委员会支持学校工作的积极作用，引导社区和有关专业人士参与学校管理和监督，接受改进学校工作的合理建议 建立健全家校合作育人机制，建立教师家访制度，通过家长会、家长开放日等方式，指导和帮助家长了解学校工作情况和学生身心发展特点，掌握科学育人方法 发挥学校在社会（社区）建设中的作用，鼓励并组织学校师生参与服务社会（社区）的有益活动

第三节　学校其他领导

校长是学校最高行政负责人，但绝不是唯一的领导人，要办好一所学校，单依靠校长一人是绝不可能办到的，其他领导者的积极参与与配合也是非常重要的。

一、学校其他领导人的职责

学校除了校长外，一般还有党委书记、工会主席、副校长等领导，他们都各有职责。

（一）党委书记

党委书记主要是宣传、执行、遵守党的方针政策、法律法规，坚持社会主义办学方向；监督学校执行方针政策、法律法规的情况；做好党组织建设工作，教育党员起模范带头作用，保持党的先进性；做好工会、共青团和少先队等群众组织的领导工作，关心群众生活，做好群众的思想工作，加强学校精神文明建设；支持和协助校长依法开展各项工作，保证学校党、政、群密切配合，形成合力。

（二）工会主席

在学校党支部和上级工会的领导下，完成教职工代表大会；组织和教育教职工依照宪法和法律规定享受相应的权利，发挥主人翁精神，参与学校的民主管理和民主监督；密切联系教职工，听取和反映教职工的意见和要求，关心教职工生活，帮助教职工解决困难，全心全意为教职工服务；维护教职工的合法权益；动员和教育教职工以正确的态度对待教育工作，完成工作任务；对教职工进行爱国主义、集体主义等方面的教育；组织教职工开展文娱、体育等有益活动，发挥工作作为党联系群众的桥梁和纽带作用。

（三）副校长

副校长一般不止一位，根据学校规模不同，副校长的职责和分工也不尽相同。根据分工，主要有分别管理德育、教学、总务（后勤）等方面的副校长。

（1）德育副校长的职责主要是确定学校德育工作目标；管理学校德育工作队伍；做好班主任（辅导员）队伍建设工作；组织协调校内外德育活动；沟通学校与家庭、社会的关系；组织共青团、少先队、学生会等工作；管理学生纪律，组织学校体育、卫生活动；检查总结德育工作效果等。

（2）教学副校长的职责主要是协助校长做好教学管理工作，具体而言之主要有设计学校课程，管理教学事务，包括教学组织、教学常规、教学研究、教学行政等方面的工作。

（3）教研副校长的职责是主管学校的校研组织、课题研究、教师培训等事宜。

（4）总务（后勤）副校长的职责是管理财物、校产、生活、安全、环境等工作。

当然副校长主管的工作并非孤立的，而是相互之间要配合，要在校长的带领下，相互协调，才能搞好学校工作。

（四）中层领导

学校的中层组织大致可以分为行政性中层组织和非行政性中层组织。行政性中层组织主要有学校办公室、教导处（教务处）、总务处（后勤处）等；非行政性中层组织主要有中国共产主义青年团、少先队等。

（1）办公室主任的职责是组织办公室工作成员搞好学校公共关系，做好上传下达工作，做好文件收发、统计报表、联系各单位等工作。

（2）教导处（教务处）处长的职责是负责教学和学生思想品德教育以及教育科学研究等方面的组织管理工作，具体管理各年级组、各班主任和各科教学研究组及有关实验室等方面工作。

（3）总务处（后勤处）处长的职责是负责后勤方面的组织管理工作，包括会计、出纳、物资采购和保管、设备维修和基建、校园美化和校园卫生等工作。

（4）共青团书记的职责是组织教育团员，带动青年教职工和学生努力完成工作任务和学习任务，协助学校进行思想政治教育工作和开展各项有益的、丰富的活动。

（5）少先队辅导员的职责是团结教育少年儿童，立志为建设中国特色社会主义现代化强国贡献力量；维护少年儿童正当权益；开展各类少年儿童有益活动等。

二、领导班子和团队建设

学校领导工作面广、事多、性质复杂，不能仅仅依靠校长一人之力，必须建设一个高素质的领导群体才能负起全校的领导责任。学校领导班子是对学校领导群体的总称，是学校系统中的领导子系统，学校领导班子的素质是领导班子系统为完成学校领导工作所应具备的基本特征。为保证学校领导工作稳定有效地运转，学校领导班子应当结合管理规律，处理好领导班子内部及其他部门之间的相互关系，保证组织整体的有效运转，而并非只是几个领导者工作的简单叠加，必须激发各方面的积极性，集中众人的智慧，发挥团队的作用，使学校管理收到“1+1 大于 2”的效果。

学校领导班子的工作是复杂的，需要团队集体的有效合作，所以必须在整体素质结构上优化学校领导班子，具体而言应该从以下几个方面着手。

（1）政治结构优化。学校领导班子成员以党内成员为主，也可以吸收党外成员，但他们都必须拥护党的领导和贯彻党的教育方针政策，按照教育方针的精神培养学生。

（2）专业结构优化。学校领导班子成员除了具备国家规定的任职学历外，还要有来自不同专业的结构组成，以便在课程设计、工作分工等方面能有效配合，还能在讨论各类问题时，各专业背景的成员互为补充。

（3）智能结构优化。主要指人的认知、应用、行为等不同方面，如观察力、记忆力、想象力和思维能力等，领导班子成员之间优势互补，根据不同工作内容的需要安排合适的人选，使之发挥所长。

（4）个性结构优化。个性是气质和性格的总和，气质是个体神经系统活动稳定的、典型的心理特点，性格是较为稳定的对现实的态度和行为方式。学校领导团队的组成可以兼具各种个性特征的人，并为他们发挥优势创造条件。

（5）年龄结构优化。学校领导班子成员在年龄结构上需要合理组织，有适当的老、中、青比例，发挥各个年龄阶段成员的优势。

（6）性别结构优化。学校领导团队应该男女兼顾，相互补充，有女性成员温和、柔韧、细致等特征，也兼有男性成员刚烈、果敢、深刻的特征。

在团队建设过程中，校长起着非常重要的作用。校长必须明白，学校有成绩，需要依靠所有干部一起努力，全体教职工一起奋斗。所以，校长必须善于团结干部，要按照分层管理的原则办事；要善于调动其他领导成员的工作主动性和积极性，使得他们在各自的岗位上各尽其职；要掌握不同情况，及时向有关领导成员通报沟通信息；在领导成员发生矛盾时，校长要冷静处理，正确决策，善于各退一步，换位思考；要采取民主集中的原则，广开言路，吸取不同意见和建议，欢迎其他成员监督和批评。

第九章　教育政策与教育法律

教育政策是现代教育科学和政治科学以及公共政策科学不断发展而形成的交叉学科，对教育事业的发展有着重大作用。随着社会的不断发展和进步，我国的教育事业取得了举世瞩目的成绩，其中一个重要标志就是走向了法制化。

第一节　教育政策

教育政策与教育管理关系密切，教育政策作为实现一定教育目标的行动准则，能够指导和约束教育管理行为，而教育部管理的实践也能对教育政策是否正确和有效加以检验，进而深化和丰富教育政策内容。

一、教育政策概述

政策是政治相关的策略或谋略，是“一种明确的或者含蓄的单个或者一组决定，它可以制定一些方针来以指导将来的决定，发动或阻止某种行动，或者引导先前决定的实施”①。政策是特定的政治制度处理公共问题的动态的和价值高度涉入的过程，包括政府公开表达的意图和官方措施，以及政府一贯的外在行为和内在行为模式。

教育政策的概念多种多样，存在不同的理解。第一种观点认为，教育政策是“一个政党或政府为教育事业的运行与发展所制定的规划、方针和原则”②；第二种观点认为，教育政策是“负有教育法律或行政责任的组织及团体为了实现一定的教育目标和任务而规定的行为准则”③；第三种观点认为，教育政策是“一种有目的、有组织的动态发展过程，是政党、政府等政治实体在一定历史时期，为了实现一定的教育目标和任务而协调教育的内外关系所规定的行动依据和准则”④。由这几个主要观点可以知道，教育政策是指导教育实践活动的依据、纲领和准则，故此可以给教育政策一个全面的界定：教育政策是党和政府依据特定时期的教育目标，对教育礼仪进行协调和分配以解决教育问题、平衡教育利益的行为准则、规则、措施、工具、手段和过程。

教育政策有着与其他政策相似的一些特点，这些特点主要有以下几种。

---

① 英博，等. 教育政策基础[M]. 史明洁，等，译. 北京：教育科学出版社，2003.

② 郑立新. 现代政策研究全书[M]. 北京：中国经济出版社，1991.

③ 成有信. 教育政治学[M]. 南京：江苏教育出版社，2000.

④ 孙绵涛. 教育政策学[M]. 武汉：武汉工业大学出版社，1997.

（1）指向明确。制定政策是为了解决某类问题，没有目的的教育政策是不存在的，因而教育政策具有明确的指向性，其条文、原则也以具体的行为准则、规则出现。

（2）相对稳定。教育政策一经确定，一般总要保持相对稳定，不会随意变动，否则就会影响人们对其信任程度和执行时的坚定性。

（3）影响广泛。教育活动联系着千家万户，教育政策也直接影响社会的方方面面，一些涉及公众利益的重大教育政策，或引起社会大众的参与和讨论。

（4）实用性。教育政策和教育理论不同，其是具体的行动准则，说明做什么或者怎么做，有很强的实用性。

（5）系统性。教育政策是国家政策体系的组成部分，在与其他公共政策相互作用过程中发挥作用，涉及教育事业的方方面面，其功能必定是多方面的。

（6）不具强制性。教育政策的实施主要通过人们的表率作用、组织约束、舆论引导等途径来实现，一般不具有直接的强制性，主要依靠宣传教育的手段实施。

二、我国教育政策发展历程

中华人民共和国伊始，我们面临着建立社会主义教育体系的新任务，这一时期，中央主要围绕着改造旧教育、创建新教育的工作。当时，中央政府颁布了《中国人民政治协商会议共同纲领》，纲领提出："中华人民共和国的文化教育为新民主主义的，即民族的、科学的、大众的文化教育。"这个方针政策为彻底改变了旧中国半殖民地半封建性质的教育，建立社会主义的新教育指明了方向。这个时期的教育政策在教育领域确立了马克思列宁主义、毛泽东思想的指导地位，进行了党的组织建设，并使知识分子逐步树立和提高了为人民服务、为国家经济建设服务的思想觉悟，国家教育事业得到了迅速恢复和发展，完成了从新民主主义教育向社会主义教育的转变和过渡。

1957 年至 1965 年，是全年建设社会主义的十年。这一时期，党和政府颁布了一系列文件，提出了相应的教育管理政策。1957 年 9 月，中共中央、国务院颁布了《关于教育工作的指示》，明确提出了党的教育工作方针是"教育为无产阶级的政治服务，教育与生产劳动相结合；为了实现这个方针，教育工作必须由党来领导"。在这个政策指导下，国家开始围绕培养目标、教育体制、学制、思想教育、教学、教育管理等一系列教育问题进行改革与探索。1958 年 8 月，中央颁布了《关于教育事业管理权力下放问题的规定》，该规定指出："今后要改变过去以条条为主的管理体制，根据中央集权和地方分权相结合的原则，加强地方对教育事业的领导管理。"之后，教育部又颁布了《教育部直属学校暂行工作条例（草案）》《全日制中学暂行工作条例》《全日制小学暂行工作条例》，这些条例对整顿教育秩序产生了显著作用，但因"文革"而未能全面贯彻和落实。

1978 年,党的十一届三中全会召开,我国恢复了统一高考制度;恢复研究生教育,建立学位制度;提出了“尊重知识、尊重人才、尊师重教”;提出了“教育要面向现代化、面向世界、面向未来”的口号;提出了“教育必须为社会主义建设服务,社会主义建设必须依靠教育”;提出了“加强立法、依法治教”;确立了“科教兴国”的战略,制定并陆续颁布了《中华人民共和国教育法》《中华人民共和国义务教育法》《中华人民共和国教师法》《中华人民共和国职业教育法》《中华人民共和国高等教育法》《中华人民共和国民办教育促进法》等教育法规,我国的教育事业走上健康发展的道路。

三、教育政策制定过程

教育政策的制定是判定教育政策问题和对政策方案进行选择的过程,其程序大致可以分为认定教育政策问题、确定教育政策目标、拟定教育政策的方案、选择教育政策方案等几个环节。

(一)认定教育政策问题

认定教育政策问题又称教育政策问题诊断,是以一定的理论和政策评价资料,对教育政策问题的存在形式、范围和性质进行系统分析,找出问题产生原因的过程。认定教育政策问题,要先从发现问题开始,一般可以通过社会调查、研究信息、预测分析等途径发现教育政策问题。

(二)确定教育政策目标

教育政策目标是对教育政策活动的方向和水平的具体规定,是整个教育政策活动的立足点。要确定教育政策目标,一般会考虑四个因素:一是方向正确,符合国家总的方针政策;二是抓住要害,选准突破口和时机;三是适度,不是高不可攀,而是经过努力可以达到的;四是具体,即有一定的可操作性。

(三)拟定教育政策方案

教育政策目标确定以后,接着就要考虑拟定教育政策方案。拟定教育政策方案要特别注意:方案是否可行;方案应该估计到正面和负面效果,并对产生的问题提出解决对策;应尽可能数量化;应提出两个以上的政策方案可供选择;应邀请专家参与,确保政策的科学性和合理性。

(四)选择教育政策方案

“选择一项政策意味着既有规范行的标准,又有经验性的判断……一项好的政策认为以值得以付出代价达到的最佳境界的途径”①。选择教育政策方案,需要制定者对教育问题有深刻理解,同时又对教育的条件有充分认识。

① 桑玉成,刘百鸣. 公共政策学导论[M]. 上海:复旦大学出版社,1991.

四、教育管理的政策导向

教育管理受教育政策的影响很大，教育管理工作与教育政策关系非常密切。教育管理离不开政策的导向，教育政策又为教育管理工作提供了理论依据。具体而言，教育政策在教育管理工作中的导向作用有以下几点。

第一，教育政策是教育管理的指路灯，特别是在社会转型期间，社会环境在发生较为显著和激烈变化的时候，教育政策的导向作用总是显得非常突出。例如，"文革"结束后，教育事业的方向在哪里？1985年颁布的《中共中央关于教育体制改革的决定》为此提供了完整的思路，即从教育体制入手，有系统地进行全面改革，在加强宏观管理的同时，坚决实行简政放权，扩大学校办学自主权，同时调整教育结构，相应地改革劳动人事制度。在政策指导下，教育体制改革是当时教育改革的核心内容。

第二，教育政策为协调教育的内外关系做出具体规定。在教育领域存在各种各样需要协调的关系，如学校与社会的关系、普通教育与职业教育的关系、初等教育与高等教育的关系、教育发展的数量与质量的关系、教育效率与公平的关系等，这些关系都需要教育管理者尽力处理。如何处理好各种关系，显然需要靠教育政策。例如为了处理好职业教育与普通教育发展不均的问题，国家有关部门就制定了"大力发展中等职业教育"和"积极发展高等职业教育"的政策。

第三，教育政策直接或间接作为教育管理的手段和方式。随着时代发展，国家通过教育政策进行宏观调控和管理，例如提高教育地位和生活待遇的政策、师范生免费接受高等师范教育的政策，这些政策会影响就业者的选择，引导学生积极报考师范类院校。

虽然教育政策对教育管理工作有着巨大的指导作用，但在现实中，教育政策与教育管理之间也会发生错位现象，如有了政策，却不去执行，也就是教育管理工作不到位，使得有的政策得不到很好的执行，政策有时成为一纸空文；再如，有了实践，却没有相应的好政策去支撑，也就是教育政策的落后。教育的发展过程中会有许多新问题、新情况，这就需要不失时机地对政策进行调整和更新，以加强对教育管理实践的指导和控制作用。

第二节　教育法律

法制化是现代社会，也是现代教育科学的重要特征。随着社会的不断发展和进步，法律在人们的生活中发挥着越来越重要的作用，法律的触角伸展到人类生活的各个领域，作为人类重要活动的教育也不例外。

一、教育法律概述

广义的法律是指国家机关(包括权力机关和行政机关)依照法定权限和程序制定和公布的规范性文件的总称,包括最高国家权力机关制定的法律、最高行政机关制定的行政法规、地方权力机关制定的地方性法规、中央政府各部委制定的规章和地方政府制定的规章。狭义的法律是专指国家最高权力机关制定的规范性文件。一般意义上的法律,是指体现统治阶级意志,由国家制定或认可,并由国家强制力保证实施的具有普遍性、明确性和权威性的行为规范的总称。教育法是整个国家法律体系中的一个组成部分,其是统治阶级在教育方面意志的,由国家制定或认可,并由国家强制力保证实施的行为规范的总称。

教育法有着独特的特点,主要表现在以下几点。

(1)教育法最终决定于物质生活条件。教育法由统治阶级的物质生活条件所决定,并根据统治阶级的利益标准和价值观念来调整相应的社会关系。我国的教育法是以工人阶级为领导的、以工农联盟为基础的广大人民在教育方面共同意志的体现。

(2)教育法为人们提供在教育活动中遵循的行为准则。教育法就是为所有参加教育教学及相关活动的人们的行为提供标准和指明方向。

(3)教育法由国家强制力保证实施。教育法是由立法权或立法性职权的国家政权机关通过法定程序采取制定、认可、行政、补充和废止等方面确定其行为规则,揭示了教育法于国家的必然联系。同时,教育法是以国家政权的强制力为后盾来保证其实施的。

教育立法有以下几方面的意义。

(1)通过教育立法确立教育的基础性地位,保障教育优先发展。各国都将教育立法作为一种必要手段,期望借助于法律的严肃性和权威性来达到发展教育的目的。

(2)通过教育立法协调教育系统的内外部关系,有效进行教育管理,使教育管理有序化、规范化,理顺教育同社会各方面的关系,从而有效整合资源,最大限度发挥教育效益。

(3)通过教育立法明确教育关系主体的法律权利与义务,规范教育行为,这样就知道自己该如何行为,不该如何行为,把教育活动全面纳入法治的轨道中,使教育事业得到健康发展。

二、教育法律形式

教育法律形式是指教育法律的具体表现形式,即由不同国家机关依照不同方式创立或认可的,具有不同效力的教育法律规范的外在表现形式。教育法律的本质决定着教育法律的形式,国家政治制度、民族传统、文化基础、文明程度等也对教育法律形式产生影响，从而使教育法律形式在不同国家、不同时期有不同表现，我国的教育法形式如表 9-1 所示。

表 9-1　我国的教育法形式

<table>
<tr><td rowspan="2">层级</td><td colspan="2">形式</td><td>制定机关</td></tr>
<tr><td colspan="2">宪法中有关教育的条款</td><td>全国人民代表大会</td></tr>
<tr><td>第一层级</td><td colspan="2">教育基本法律</td><td>全国人民代表大会</td></tr>
<tr><td>第二层级</td><td colspan="2">教育单行法律</td><td>全国人民代表大会常务委员会</td></tr>
<tr><td>第三层级</td><td colspan="2">教育行政 法规</td><td>国务院</td></tr>
<tr><td>第四层级</td><td colspan="2">地方性教育法规</td><td>省、自治区、直辖市、市人大等</td></tr>
<tr><td rowspan="2">第五层级</td><td rowspan="2">教育规章</td><td>部门教育规章</td><td>教育部及国务院其他部委</td></tr>
<tr><td>政府教育规章</td><td>省、自治区、直辖市、市政府等</td></tr>
</table>

（一）宪法中有关教育的条款

宪法是国家的根本大法，具有最高的法律地位和法律效力，是所有立法的根据。世界上绝大多数国家的宪法中都会有教育的条款，这些条款通常规定教育指导思想、目的、教育制度、公民在教育方面的权利和义务、教育行政管理权等。我国宪法中直接有关教育的条款明确规定了我国教育的性质、目的、原则和任务等，并规定其他任何形式的教育法都不得同宪法的这些条款相抵触。

（二）教育法律

教育法律是最高权力机关或专门的立法机关制定的教育规范行文件，其又可以分为教育基本法律和教育单行法律两类。我国的教育基本法是《中华人民共和国教育法》，是教育法律体系中的“母法”，是对国家教育的基本方针、任务、制度以及各类教育法律关系主体权利和义务的总体规定，是由全国人民代表大会制定并通过的。而教育单行法是根据《中华人民共和国宪法》和教育基本法原则制定的调整某类教育或教育的某一具体部分关系的教育法律，如《中华人民共和国教师法》《中华人民共和国义务教育法》《中华人民共和国高等教育法》《中华人民共和国职业教育法》《中华人民共和国民办教育促进法》等，其一般由全国人民代表大会常务委员会制定。

（三）教育行政法规

教育行政法规是国家最高权力机关（国务院）为实施、管理教育事业，根据宪法和教育法律而制定的教育方面的规范行文件。教育行政法内容上是针对某一类教育管理事务发布的行为规范，其内容比较具体，具有较强的操作性，例如《中华人民共和国幼儿园管理条例》《学校体育工作条例》《教学成果奖励条例》《中华人民共和国教师资格条例》等。

（四）地方性教育法规

地方性教育法规主要是一定的地方国家权力机关所制定的有关教育的条例、办法等规范行文件。我国根据《中华人民共和国宪法》《中华人民共和国立法法》等规定，省、自治区、直辖市人大和常委可以根据行政区域情况和实际需要，在不与教育法、法规相抵触的前提下，制定和实施地方性教育法规，这类教育法只在本行政区域内有效。

（五）教育规章

教育规章是中央和地方有关国家行政机关制定颁布的调整教育关系的规定、办法、细则、意见、大纲、标准等规定性文件。教育规章又分为两类：一类为部门教育规章，是国务院部委，特别是国家教育主管部门制定的规章，在全国范围内有效；一类是政府教育规章，是由省、自治区、直辖市，以及省、自治区人民政府所在地的市和国务院批准的较大市人民政府制定，只在本行政区域内具有法律效力。

三、教育法与学校管理

教育法对学校的管理工作有着直接的影响，其规范着学校的管理的行为，督促学校在法律许可范围内行事，推动着依法治校精神的落实，并对提高学校教育人员和法律意识起着极大作用。自 1995 年《中华人民共和国教育法》颁布以后，学校的设置就被纳入法制化轨道。《中华人民共和国教育法》第三十二条规定：“学校及其他教育机构具备法人条件的，自批准设立或登记注册之日起取得法人资格。”为了使学校真正具有权力主体能力，能独立承担民事责任，现行教育法律对学校设立的条件做了明确规定：①有组织机构和章程；②有合格的教师；③有符合规定标准的教学场所及设施、设备等；④有必备的办学资金和稳定的经费来源。凡是不符合这些条件的都视为非法，教育行政部门有权采取关闭或下令整改等处罚措施。

（一）学校的权利和义务

学校工作需要妥善处理好一系列的权利和义务关系，对于学校来说，首先要明确自身的法律权利和义务。根据我国《中华人民共和国教育法》第二十九条规定，学校的权利包括：①按照章程自主管理；②组织实施教育教学活动；③招收学生或者其他受教育者；④对受教育者进行学籍管理，实施奖励或者处分；⑤对受教育者颁发相应的学位证书；⑥聘任教师及其他职工，实施奖励或者处分；⑦管理、使用本单位的设施和经费；⑧拒绝任何组织和个人对教育教学活动的非法干涉；⑨法律、法规规定的其他权利。

而根据《中华人民共和国教育法》第三十条的规定，学校的义务包括：①遵守法律、法规;②贯彻国家的教育方针,执行国家教育教学标准,保证教育教学质量;③维护受教育者、教师及其他职工的合法权益;④以适当方式为受教育者及其监护人了解教育者的学业成绩及其他有关情况提供便利;⑤遵照国家有关规定收取费用并公开收费项目;⑥依法接受监督。

(二)教师的权利与义务

在法律上,教师一方面是普通的公民,享有普通公民应有的权利,履行普通公民必须履行的义务;另一方面,教师又是履行教育教育职责的专业人员,有其特定的法律权利和义务。根据《中华人民共和国教师法》第七条规定,教师的权利包括:①进行教育教学活动,开展教育教学改革和实验;②从事科学研究、学术交流,参加专业的学术团队,在学术活动中充分发表意见;③指导学生的学习和发展,评定学生的品行和学业成绩;④按时获取工资报酬,享受国家规定的福利待遇以及寒暑假期的带薪休假;⑤对学校教育教学、管理工作和教育行政机关的工作提出意见和建议,通过教职工代表大会或者其他形式,参与学校的民主管理;⑥参加进修或者其他方式的培训。

根据《中华人民共和国教师法》第八条规定,教师的义务包括:①遵守宪法、法律和职业道德,为人师表;②贯彻国家的教育方针,遵守规章制度,执行学校的教学计划,履行教师聘约,完成教育教学工作任务;③对学生进行宪法所确定的基本原则的教育和爱国主义、民族团结的教育,法制教育以及思想品德、文化、科学技术教育,组织、带领学生开展有益的社会 活动;④关心、爱护全体学生,尊重学生人格,促进学生在品德、智力体质等方面全面发展;⑤制止有害于学生的行为或者其他侵犯学生合法权益的行为,批评和抵制有害于学生健康成长的现象;⑥不断提高思想政治觉悟和教育教学业务水平。

(三)学生的权利与义务

学生在教育活动中占有重要位置,对学生的管理是学校管理活动的重要内容。根据我国《中华人民共和国教育法》的规定,学生的权利包括:①参加教育教学计划安排的各种活动,使用教育教学设施、设备、图书资料;②按照国家有关规定获得奖学金、助学金、贷学金;③在学业成绩和品行上获得公正评价,完成规定的学业后获得相应的学业证书、学位证书;④对学校给予的处分不服,向有关部门提出申诉,对学校、教师侵犯其人身权、财产权等合法权益,提出申诉或依法提起诉讼;⑤法律、法规规定的其他权利。

根据《中华人民共和国教育法》规定,学生的义务包括:①遵守法律、法规;②遵守学生行为规范,尊敬师长,养成良好的思想品德和行为习惯;③努力学习,完成规定的学习任务;④遵守所在学校或其他教育机构的管理制度。

(四)教师管理的基本法律制度

为了加强教师管理的科学和规范,国家逐步建立起一整套基本法律制度,如教师资格制度、教师职务制度、教师聘任制度、教师奖惩制度和教师进修培训制度等。

(1)教师资格制度。教师资格制度是国家对教师实行的一种特定的职业许可制度。教师资格是国家对专门从事教育教学工作人员的最基本要求,是成为教师的前提条件。这些基本条件包括:必须是中国公民;必须遵守宪法和法律,热爱教育事业,具有良好的思想品德;必须具有教育教学能力,包括进行教育教学所必要的身体条件;具有规定的学历或者经国家教师资格考试合格。

(2)教师职务制度。教师职务是根据学校教学、科研等实际工作需要而设置的有明确职责、任职条件和任期的教育专业技术工作岗位。根据《中华人民共和国教师法》规定,教师职务制度的主要内容包括:其一是教师职务系列,我国现设高等学校教师职务、中等专业学校教师职务、中学教师职务、小学教师职务、技工学校教师职务五个系列;其二是教师职务的任职条件,一般包括相应的教师资格、相应的学科专长、相应的教学研究能力和相应的工作任务等内容;其三是教师职务的评审,一般而言,各级教师职务的评审都是由相应的教师职务评审委员会来进行,评审依据为申报者申报的职务相应的任职条件。

(3)教师聘任制度。教师聘任制度是聘任双方在平等自愿的基础上,由学校或者教育行政机关根据教育教学需要而设置的工作岗位,聘请具有教师资格的公民担任相应教师职务的一项制度。聘任教师是一种法律行为,聘任合同具有法律效力,而且聘任有一定的任职期限,聘任期限满后,双方自主决定是否续聘。

附　录

一、中华人民共和国教育法

（1995 年 3 月 18 日第八届全国人民代表大会第三次会议通过 根据 2009 年 8 月 27 日第十一届全国人民代表大会常务委员会第十次会议《关于修改部分法律的决定》第一次修正 根据 2015 年 12 月 27 日第十二届全国人民代表大会常务委员会第十八次会议《关于修改〈中华人民共和国教育法〉的决定》第二次修正 根据 2021 年 4 月 29 日第十三届全国人民代表大会常务委员会第二十八次会议《关于修改〈中华人民共和国教育法〉的决定》第三次修正）

目　录

第一章　总则

第一条　为了发展教育事业，提高全民族的素质，促进社会主义物质文明和精神文明建设，根据宪法，制定本法。

第二条　在中华人民共和国境内的各级各类教育，适用本法。

第三条　国家坚持中国共产党的领导，坚持以马克思列宁主义、毛泽东思想、邓小平理论、“三个代表”重要思想、科学发展观、习近平新时代中国特色社会主义思想为指导，遵循宪法确定的基本原则，发展社会主义的教育事业。

第四条　教育是社会主义现代化建设的基础，对提高人民综合素质、促进人的全面发展、增强中华民族创新创造活力、实现中华民族伟大复兴具有决定性意义,国家保障教育事业优先发展。全社会应当关心和支持教育事业的发展。全社会应当尊重教师。

第五条　教育必须为社会主义现代化建设服务、为人民服务,必须与生产劳动和社会实践相结合,培养德智体美劳全面发展的社会主义建设者和接班人。

第六条　教育应当坚持立德树人,对受教育者加强社会主义核心价值观教育,增强受教育者的社会责任感、创新精神和实践能力。国家在受教育者中进行爱国主义、集体主义、中国特色社会主义的教育,进行理想、道德、纪律、法治、国防和民族团结的教育。

第七条　教育应当继承和弘扬中华优秀传统文化、革命文化、社会主义先进文化,吸收人类文明发展的一切优秀成果。

第八条　教育活动必须符合国家和社会公共利益。国家实行教育与宗教相分离。任何组织和个人不得利用宗教进行妨碍国家教育制度的活动。

第九条　中华人民共和国公民有受教育的权利和义务。公民不分民族、种族、性别、职业、财产状况、宗教信仰等,依法享有平等的受教育机会。

第十条　国家根据各少数民族的特点和需要,帮助各少数民族地区发展教育事业。国家扶持边远贫困地区发展教育事业。国家扶持和发展残疾人教育事业。

第十一条　国家适应社会主义市场经济发展和社会进步的需要,推进教育改革,推动各级各类教育协调发展、衔接融通,完善现代国民教育体系,健全终身教育体系,提高教育现代化水平。国家采取措施促进教育公平,推动教育均衡发展。国家支持、鼓励和组织教育科学研究,推广教育科学研究成果,促进教育质量提高。

第十二条　国家通用语言文字为学校及其他教育机构的基本教育教学语言文字,学校及其他教育机构应当使用国家通用语言文字进行教育教学。民族自治地方以少数民族学生为主的学校及其他教育机构,从实际出发,使用国家通用语言文字和本民族或者当地民族通用的语言文字实施双语教育。国家采取措施,为少数民族学生为主的学校及其他教育机构实施双语教育提供条件和支持。

第十三条　国家对发展教育事业做出突出贡献的组织和个人,给予奖励。

第十四条　国务院和地方各级人民政府根据分级管理、分工负责的原则,领导和管理教育工作。中等及中等以下教育在国务院领导下,由地方人民政府管理。高等教育由国务院和省、自治区、直辖市人民政府管理。

第十五条　国务院教育行政部门主管全国教育工作,统筹规划、协调管理全国的教育事业。县级以上地方各级人民政府教育行政部门主管本行政区域内的教育工作。县级以上各级人民政府其他有关部门在各自的职责范围内,负责有关的教育工作。

第十六条 国务院和县级以上地方各级人民政府应当向本级人民代表大会或者其常务委员会报告教育工作和教育经费预算、决算情况,接受监督。

第二章 教育基本制度

第十七条 国家实行学前教育、初等教育、中等教育、高等教育的学校教育制度。国家建立科学的学制系统。学制系统内的学校和其他教育机构的设置、教育形式、修业年限、招生对象、培养目标等,由国务院或者由国务院授权教育行政部门规定。

第十八条 国家制定学前教育标准,加快普及学前教育,构建覆盖城乡,特别是农村的学前教育公共服务体系。各级人民政府应当采取措施,为适龄儿童接受学前教育提供条件和支持。

第十九条 国家实行九年制义务教育制度。各级人民政府采取各种措施保障适龄儿童、少年就学。适龄儿童、少年的父母或者其他监护人以及有关社会组织和个人有义务使适龄儿童、少年接受并完成规定年限的义务教育。

第二十条 国家实行职业教育制度和继续教育制度。各级人民政府、有关行政部门和行业组织以及企业事业组织应当采取措施,发展并保障公民接受职业学校教育或者各种形式的职业培训。国家鼓励发展多种形式的继续教育,使公民接受适当形式的政治、经济、文化、科学、技术、业务等方面的教育,促进不同类型学习成果的互认和衔接,推动全民终身学习。

第二十一条 国家实行国家教育考试制度。国家教育考试由国务院教育行政部门确定种类,并由国家批准的实施教育考试的机构承办。

第二十二条 国家实行学业证书制度。经国家批准设立或者认可的学校及其他教育机构按照国家有关规定,颁发学历证书或者其他学业证书。

第二十三条 国家实行学位制度。学位授予单位依法对达到一定学术水平或者专业技术水平的人员授予相应的学位,颁发学位证书。

第二十四条 各级人民政府、基层群众性自治组织和企业事业组织应当采取各种措施,开展扫除文盲的教育工作。按照国家规定具有接受扫除文盲教育能力的公民,应当接受扫除文盲的教育。

第二十五条 国家实行教育督导制度和学校及其他教育机构教育评估制度。

第三章 学校及其他教育机构

第二十六条 国家制定教育发展规划,并举办学校及其他教育机构。国家鼓励企业事业组织、社会团体、其他社会组织及公民个人依法举办学校及其他教育机构。国家举办学校及其他教育机构,应当坚持勤俭节约的原则。以财政性经费、捐赠资产举办或者参与举办的学校及其他教育机构不得设立为营利性组织。

第二十七条 设立学校及其他教育机构,必须具备下列基本条件:

(一)有组织机构和章程;

（二）有合格的教师；

（三）有符合规定标准的教学场所及设施、设备等；

（四）有必备的办学资金和稳定的经费来源。

第二十八条　学校及其他教育机构的设立、变更和终止，应当按照国家有关规定办理审核、批准、注册或者备案手续。

第二十九条　学校及其他教育机构行使下列权利：

（一）按照章程自主管理；

（二）组织实施教育教学活动；

（三）招收学生或者其他受教育者；

（四）对受教育者进行学籍管理，实施奖励或者处分；

（五）对受教育者颁发相应的学业证书；

（六）聘任教师及其他职工，实施奖励或者处分；

（七）管理、使用本单位的设施和经费；

（八）拒绝任何组织和个人对教育教学活动的非法干涉；

（九）法律、法规规定的其他权利。

国家保护学校及其他教育机构的合法权益不受侵犯。

第三十条　学校及其他教育机构应当履行下列义务：

（一）遵守法律、法规；

（二）贯彻国家的教育方针，执行国家教育教学标准，保证教育教学质量；

（三）维护受教育者、教师及其他职工的合法权益；

（四）以适当方式为受教育者及其监护人了解受教育者的学业成绩及其他有关情况提供便利；

（五）遵照国家有关规定收取费用并公开收费项目；

（六）依法接受监督。

第三十一条　学校及其他教育机构的举办者按照国家有关规定，确定其所举办的学校或者其他教育机构的管理体制。

学校及其他教育机构的校长或者主要行政负责人必须由具有中华人民共和国国籍、在中国境内定居、并具备国家规定任职条件的公民担任，其任免按照国家有关规定办理。学校的教学及其他行政管理，由校长负责。

学校及其他教育机构应当按照国家有关规定，通过以教师为主体的教职工代表大会等组织形式，保障教职工参与民主管理和监督。

第三十二条　学校及其他教育机构具备法人条件的，自批准设立或者登记注册之日起取得法人资格。学校及其他教育机构在民事活动中依法享有民事权利，承担民事责任。学校及其他教育机构中的国有资产属于国家所有。学校及其他教育机构兴办的校办产业独立承担民事责任。

第四章　教师和其他教育工作者

第三十三条　教师享有法律规定的权利，履行法律规定的义务，忠诚于人民的教育事业。

第三十四条　国家保护教师的合法权益，改善教师的工作条件和生活条件，提高教师的社会地位。教师的工资报酬、福利待遇，依照法律、法规的规定办理。

第三十五条　国家实行教师资格、职务、聘任制度，通过考核、奖励、培养和培训，提高教师素质，加强教师队伍建设。

第三十六条　学校及其他教育机构中的管理人员，实行教育职员制度。学校及其他教育机构中的教学辅助人员和其他专业技术人员，实行专业技术职务聘任制度。

第五章　受教育者

第三十七条　受教育者在入学、升学、就业等方面依法享有平等权利。学校和有关行政部门应当按照国家有关规定，保障女子在入学、升学、就业、授予学位、派出留学等方面享有同男子平等的权利。

第三十八条　国家、社会对符合入学条件、家庭经济困难的儿童、少年、青年，提供各种形式的资助。

第三十九条　国家、社会、学校及其他教育机构应当根据残疾人身心特性和需要实施教育，并为其提供帮助和便利。

第四十条　国家、社会、家庭、学校及其他教育机构应当为有违法犯罪行为的未成年人接受教育创造条件。

第四十一条　从业人员有依法接受职业培训和继续教育的权利和义务。国家机关、企业事业组织和其他社会组织，应当为本单位职工的学习和培训提供条件和便利。

第四十二条　国家鼓励学校及其他教育机构、社会组织采取措施，为公民接受终身教育创造条件。

第四十三条　受教育者享有下列权利：

（一）参加教育教学计划安排的各种活动，使用教育教学设施、设备、图书资料；

（二）按照国家有关规定获得奖学金、贷学金、助学金；

（三）在学业成绩和品行上获得公正评价，完成规定的学业后获得相应的学业证书、学位证书；

（四）对学校给予的处分不服向有关部门提出申诉，对学校、教师侵犯其人身权、财产权等合法权益，提出申诉或者依法提起诉讼；

（五）法律、法规规定的其他权利。

第四十四条　受教育者应当履行下列义务：

（一）遵守法律、法规；

（二）遵守学生行为规范，尊敬师长，养成良好的思想品德和行为习惯；

（三）努力学习，完成规定的学习任务；

（四）遵守所在学校或者其他教育机构的管理制度。

第四十五条　教育、体育、卫生行政部门和学校及其他教育机构应当完善体育、卫生保健设施，保护学生的身心健康。

第六章　教育与社会

第四十六条　国家机关、军队、企业事业组织、社会团体及其他社会组织和个人，应当依法为儿童、少年、青年学生的身心健康成长创造良好的社会环境。

第四十七条　国家鼓励企业事业组织、社会团体及其他社会组织同高等学校、中等职业学校在教学、科研、技术开发和推广等方面进行多种形式的合作。

企业事业组织、社会团体及其他社会组织和个人，可以通过适当形式，支持学校的建设，参与学校管理。

第四十八条　国家机关、军队、企业事业组织及其他社会组织应当为学校组织的学生实习、社会实践活动提供帮助和便利。

第四十九条　学校及其他教育机构在不影响正常教育教学活动的前提下，应当积极参加当地的社会公益活动。

第五十条　未成年人的父母或者其他监护人应当为其未成年子女或者其他被监护人受教育提供必要条件。未成年人的父母或者其他监护人应当配合学校及其他教育机构，对其未成年子女或者其他被监护人进行教育。学校、教师可以对学生家长提供家庭教育指导。

第五十一条　图书馆、博物馆、科技馆、文化馆、美术馆、体育馆（场）等社会公共文化体育设施，以及历史文化古迹和革命纪念馆（地），应当对教师、学生实行优待，为受教育者接受教育提供便利。广播、电视台（站）应当开设教育节目，促进受教育者思想品德、文化和科学技术素质的提高。

第五十二条　国家、社会建立和发展对未成年人进行校外教育的设施。学校及其他教育机构应当同基层群众性自治组织、企业事业组织、社会团体相互配合，加强对未成年人的校外教育工作。

第五十三条　国家鼓励社会团体、社会文化机构及其他社会组织和个人开展有益于受教育者身心健康的社会文化教育活动。

第七章　教育投入与条件保障

第五十四条　国家建立以财政拨款为主、其他多种渠道筹措教育经费为辅的体制，逐步增加对教育的投入，保证国家举办的学校教育经费的稳定来源。企业事业组织、社会团体及其他社会组织和个人依法举办的学校及其他教育机构，办学经费由举办者负责筹措,各级人民政府可以给予适当支持。

第五十五条 国家财政性教育经费支出占国民生产总值的比例应当随着国民经济的发展和财政收入的增长逐步提高。具体比例和实施步骤由国务院规定。全国各级财政支出总额中教育经费所占比例应当随着国民经济的发展逐步提高。

第五十六条 各级人民政府的教育经费支出,按照事权和财权相统一的原则,在财政预算中单独列项。各级人民政府教育财政拨款的增长应当高于财政经常性收入的增长,并使按在校学生人数平均的教育费用逐步增长,保证教师工资和学生人均公用经费逐步增长。

第五十七条 国务院及县级以上地方各级人民政府应当设立教育专项资金,重点扶持边远贫困地区、少数民族地区实施义务教育。

第五十八条 税务机关依法足额征收教育费附加,由教育行政部门统筹管理,主要用于实施义务教育。省、自治区、直辖市人民政府根据国务院的有关规定,可以决定开征用于教育的地方附加费,专款专用。

第五十九条 国家采取优惠措施,鼓励和扶持学校在不影响正常教育教学的前提下开展勤工俭学和社会服务,兴办校办产业。

第六十条 国家鼓励境内、境外社会组织和个人捐资助学。

第六十一条 国家财政性教育经费、社会组织和个人对教育的捐赠,必须用于教育,不得挪用、克扣。

第六十二条 国家鼓励运用金融、信贷手段,支持教育事业的发展。

第六十三条 各级人民政府及其教育行政部门应当加强对学校及其他教育机构教育经费的监督管理,提高教育投资效益。

第六十四条 地方各级人民政府及其有关行政部门必须把学校的基本建设纳入城乡建设规划,统筹安排学校的基本建设用地及所需物资,按照国家有关规定实行优先、优惠政策。

第六十五条 各级人民政府对教科书及教学用图书资料的出版发行,对教学仪器、设备的生产和供应,对用于学校教育教学和科学研究的图书资料、教学仪器、设备的进口,按照国家有关规定实行优先、优惠政策。

第六十六条 国家推进教育信息化,加快教育信息基础设施建设,利用信息技术促进优质教育资源普及共享,提高教育教学水平和教育管理水平。县级以上人民政府及其有关部门应当发展教育信息技术和其他现代化教学方式,有关行政部门应当优先安排,给予扶持。

国家鼓励学校及其他教育机构推广运用现代化教学方式。

第八章 教育对外交流与合作

第六十七条 国家鼓励开展教育对外交流与合作,支持学校及其他教育机构引进优质教育资源,依法开展中外合作办学,发展国际教育服务,培养国际化人才。教育对外交流与合作坚持独立自主、平等互利、相互尊重的原则,不得违反中国法律,不得损害国家主权、安全和社会公共利益。

第六十八条　中国境内公民出国留学、研究、进行学术交流或者任教,依照国家有关规定办理。

第六十九条　中国境外个人符合国家规定的条件并办理有关手续后,可以进入中国境内学校及其他教育机构学习、研究、进行学术交流或者任教,其合法权益受国家保护。

第七十条　中国对境外教育机构颁发的学位证书、学历证书及其他学业证书的承认,依照中华人民共和国缔结或者加入的国际条约办理,或者按照国家有关规定办理。

第九章　法律责任

第七十一条　违反国家有关规定,不按照预算核拨教育经费的,由同级人民政府限期核拨;情节严重的,对直接负责的主管人员和其他直接责任人员,依法给予处分。违反国家财政制度、财务制度,挪用、克扣教育经费的,由上级机关责令限期归还被挪用、克扣的经费,并对直接负责的主管人员和其他直接责任人员,依法给予处分;构成犯罪的,依法追究刑事责任。

第七十二条　结伙斗殴、寻衅滋事,扰乱学校及其他教育机构教育教学秩序或者破坏校舍、场地及其他财产的,由公安机关给予治安管理处罚;构成犯罪的,依法追究刑事责任。

侵占学校及其他教育机构的校舍、场地及其他财产的,依法承担民事责任。

第七十三条　明知校舍或者教育教学设施有危险,而不采取措施,造成人员伤亡或者重大财产损失的,对直接负责的主管人员和其他直接责任人员,依法追究刑事责任。

第七十四条　违反国家有关规定,向学校或者其他教育机构收取费用的,由政府责令退还所收费用;对直接负责的主管人员和其他直接责任人员,依法给予处分。

第七十五条　违反国家有关规定,举办学校或者其他教育机构的,由教育行政部门或者其他有关行政部门予以撤销;有违法所得的,没收违法所得;对直接负责的主管人员和其他直接责任人员,依法给予处分。

第七十六条　学校或者其他教育机构违反国家有关规定招收学生的,由教育行政部门或者其他有关行政部门责令退回招收的学生,退还所收费用;对学校、其他教育机构给予警告,可以处违法所得五倍以下罚款;情节严重的,责令停止相关招生资格一年以上三年以下,直至撤销招生资格、吊销办学许可证;对直接负责的主管人员和其他直接责任人员,依法给予处分;构成犯罪的,依法追究刑事责任。

第七十七条　在招收学生工作中滥用职权、玩忽职守、徇私舞弊的，由教育行政部门或者其他有关行政部门责令退回招收的不符合入学条件的人员；对直接负责的主管人员和其他直接责任人员，依法给予处分；构成犯罪的，依法追究刑事责任。

盗用、冒用他人身份，顶替他人取得的入学资格的，由教育行政部门或者其他有关行政部门责令撤销入学资格，并责令停止参加相关国家教育考试二年以上五年以下；已经取得学位证书、学历证书或者其他学业证书的，由颁发机构撤销相关证书；已经成为公职人员的，依法给予开除处分；构成违反治安管理行为的，由公安机关依法给予治安管理处罚；构成犯罪的，依法追究刑事责任。

与他人串通，允许他人冒用本人身份，顶替本人取得的入学资格的，由教育行政部门或者其他有关行政部门责令停止参加相关国家教育考试一年以上三年以下；有违法所得的，没收违法所得；已经成为公职人员的，依法给予处分；构成违反治安管理行为的，由公安机关依法给予治安管理处罚；构成犯罪的，依法追究刑事责任。

组织、指使盗用或者冒用他人身份，顶替他人取得的入学资格的，有违法所得的，没收违法所得；属于公职人员的，依法给予处分；构成违反治安管理行为的，由公安机关依法给予治安管理处罚；构成犯罪的，依法追究刑事责任。

入学资格被顶替权利受到侵害的，可以请求恢复其入学资格。

第七十八条　学校及其他教育机构违反国家有关规定向受教育者收取费用的，由教育行政部门或者其他有关行政部门责令退还所收费用；对直接负责的主管人员和其他直接责任人员，依法给予处分。

第七十九条　考生在国家教育考试中有下列行为之一的，由组织考试的教育考试机构工作人员在考试现场采取必要措施予以制止并终止其继续参加考试；组织考试的教育考试机构可以取消其相关考试资格或者考试成绩；情节严重的，由教育行政部门责令停止参加相关国家教育考试一年以上三年以下；构成违反治安管理行为的，由公安机关依法给予治安管理处罚；构成犯罪的，依法追究刑事责任：

（一）非法获取考试试题或者答案的；

（二）携带或者使用考试作弊器材、资料的；

（三）抄袭他人答案的；

（四）让他人代替自己参加考试的；

（五）其他以不正当手段获得考试成绩的作弊行为。

第八十条　任何组织或者个人在国家教育考试中有下列行为之一，有违法所得的，由公安机关没收违法所得，并处违法所得一倍以上五倍以下罚款；情节严重的，处五日以上十五日以下拘留；构成犯罪的，依法追究刑事责任；属于国家机关工作人员的，还应当依法给予处分：

（一）组织作弊的；

（二）通过提供考试作弊器材等方式为作弊提供帮助或者便利的；

（三）代替他人参加考试的；

（四）在考试结束前泄露、传播考试试题或者答案的；

（五）其他扰乱考试秩序的行为。

第八十一条　举办国家教育考试，教育行政部门、教育考试机构疏于管理，造成考场秩序混乱、作弊情况严重的，对直接负责的主管人员和其他直接责任人员，依法给予处分；构成犯罪的，依法追究刑事责任。

第八十二条　学校或者其他教育机构违反本法规定，颁发学位证书、学历证书或者其他学业证书的，由教育行政部门或者其他有关行政部门宣布证书无效，责令收回或者予以没收；有违法所得的，没收违法所得；情节严重的，责令停止相关招生资格一年以上三年以下，直至撤销招生资格、颁发证书资格；对直接负责的主管人员和其他直接责任人员，依法给予处分。

前款规定以外的任何组织或者个人制造、销售、颁发假冒学位证书、学历证书或者其他学业证书，构成违反治安管理行为的，由公安机关依法给予治安管理处罚；构成犯罪的，依法追究刑事责任。

以作弊、剽窃、抄袭等欺诈行为或者其他不正当手段获得学位证书、学历证书或者其他学业证书的，由颁发机构撤销相关证书。购买、使用假冒学位证书、学历证书或者其他学业证书，构成违反治安管理行为的，由公安机关依法给予治安管理处罚。

第八十三条　违反本法规定，侵犯教师、受教育者、学校或者其他教育机构的合法权益，造成损失、损害的，应当依法承担民事责任。

第十章　附则

第八十四条　军事学校教育由中央军事委员会根据本法的原则规定。

宗教学校教育由国务院另行规定。

第八十五条　境外的组织和个人在中国境内办学和合作办学的办法，由国务院规定。

第八十六条　本法自 1995 年 9 月 1 日起施行。

二、中华人民共和国教师法

（1993 年 10 月 31 日第八届全国人民代表大会常务委员会第四次会议通过　根据 2009 年 8 月 27 日第十一届全国人民代表大会常务委员会第十次会议《关于修改部分法律的决定》修正）

目　录

第一章　总则

第一条　为了保障教师的合法权益,建设具有良好思想品德修养和业务素质的教师队伍,促进社会主义教育事业的发展,制定本法。

第二条　本法适用于在各级各类学校和其他教育机构中专门从事教育教学工作的教师。

第三条　教师是履行教育教学职责的专业人员,承担教书育人,培养社会主义事业建设者和接班人、提高民族素质的使命。教师应当忠诚于人民的教育事业。

第四条　各级人民政府应当采取措施,加强教师的思想政治教育和业务培训,改善教师的工作条件和生活条件,保障教师的合法权益,提高教师的社会地位。全社会都应当尊重教师。

第五条　国务院教育行政部门主管全国的教师工作。国务院有关部门在各自职权范围内负责有关的教师工作。学校和其他教育机构根据国家规定,自主进行教师管理工作。

第六条　每年九月十日为教师节。

第二章　权利和义务

第七条　教师享有下列权利:

(一)进行教育教学活动,开展教育教学改革和实验;

(二)从事科学研究、学术交流,参加专业的学术团体,在学术活动中充分发表意见;

(三)指导学生的学习和发展,评定学生的品行和学业成绩;

(四)按时获取工资报酬,享受国家规定的福利待遇以及寒暑假期的带薪休假;

(五)对学校教育教学、管理工作和教育行政部门的工作提出意见和建议,通过教职工代表大会或者其他形式,参与学校的民主管理;

(六)参加进修或者其他方式的培训。

第八条　教师应当履行下列义务:

(一)遵守宪法、法律和职业道德,为人师表;

（二）贯彻国家的教育方针，遵守规章制度，执行学校的教学计划，履行教师聘约，完成教育教学工作任务；

（三）对学生进行宪法所确定的基本原则的教育和爱国主义、民族团结的教育，法制教育以及思想品德、文化、科学技术教育，组织、带领学生开展有益的社会活动；

（四）关心、爱护全体学生，尊重学生人格，促进学生在品德、智力、体质等方面全面发展；

（五）制止有害于学生的行为或者其他侵犯学生合法权益的行为，批评和抵制有害于学生健康成长的现象；

（六）不断提高思想政治觉悟和教育教学业务水平。

第九条　为保障教师完成教育教学任务，各级人民政府、教育行政部门、有关部门、学校和其他教育机构应当履行下列职责：

（一）提供符合国家安全标准的教育教学设施和设备；

（二）提供必需的图书、资料及其他教育教学用品；

（三）对教师在教育教学、科学研究中的创造性工作给以鼓励和帮助；

（四）支持教师制止有害于学生的行为或者其他侵犯学生合法权益的行为。

第三章　资格和任用

第十条　国家实行教师资格制度。

中国公民凡遵守宪法和法律，热爱教育事业，具有良好的思想品德，具备本法规定的学历或者经国家教师资格考试合格，有教育教学能力，经认定合格的，可以取得教师资格。

第十一条　取得教师资格应当具备的相应学历是：

（一）取得幼儿园教师资格，应当具备幼儿师范学校毕业及其以上学历；

（二）取得小学教师资格，应当具备中等师范学校毕业及其以上学历；

（三）取得初级中学教师、初级职业学校文化、专业课教师资格，应当具备高等师范专科学校或者其他大学专科毕业及其以上学历；

（四）取得高级中学教师资格和中等专业学校、技工学校、职业高中文化课、专业课教师资格，应当具备高等师范院校本科或者其他大学本科毕业及其以上学历；取得中等专业学校、技工学校和职业高中学生实习指导教师资格应当具备的学历，由国务院教育行政部门规定；

（五）取得高等学校教师资格，应当具备研究生或者大学本科毕业学历；

（六）取得成人教育教师资格，应当按照成人教育的层次、类别，分别具备高等、中等学校毕业及其以上学历。

不具备本法规定的教师资格学历的公民，申请获取教师资格，必须通过国家教师资格考试。国家教师资格考试制度由国务院规定。

第十二条　本法实施前已经在学校或者其他教育机构中任教的教师，未具备本法规定学历的，由国务院教育行政部门规定教师资格过渡办法。

第十三条　中小学教师资格由县级以上地方人民政府教育行政部门认定。中等专业学校、技工学校的教师资格由县级以上地方人民政府教育行政部门组织有关主管部门认定。普通高等学校的教师资格由国务院或者省、自治区、直辖市教育行政部门或者由其委托的学校认定。

具备本法规定的学历或者经国家教师资格考试合格的公民，要求有关部门认定其教师资格的，有关部门应当依照本法规定的条件予以认定。

取得教师资格的人员首次任教时，应当有试用期。

第十四条　受到剥夺政治权利或者故意犯罪受到有期徒刑以上刑事处罚的，不能取得教师资格；已经取得教师资格的，丧失教师资格。

第十五条　各级师范学校毕业生，应当按照国家有关规定从事教育教学工作。国家鼓励非师范高等学校毕业生到中小学或者职业学校任教。

第十六条　国家实行教师职务制度，具体办法由国务院规定。

第十七条　学校和其他教育机构应当逐步实行教师聘任制。教师的聘任应当遵循双方地位平等的原则，由学校和教师签订聘任合同，明确规定双方的权利、义务和责任。

实施教师聘任制的步骤、办法由国务院教育行政部门规定。

第四章　培养和培训

第十八条　各级人民政府和有关部门应当办好师范教育，并采取措施，鼓励优秀青年进入各级师范学校学习。各级教师进修学校承担培训中小学教师的任务。

非师范学校应当承担培养和培训中小学教师的任务。

各级师范学校学生享受专业奖学金。

第十九条　各级人民政府教育行政部门、学校主管部门和学校应当制定教师培训规划，对教师进行多种形式的思想政治、业务培训。

第二十条　国家机关、企业事业单位和其他社会组织应当为教师的社会调查和社会实践提供方便，给予协助。

第二十一条　各级人民政府应当采取措施，为少数民族地区和边远贫困地区培养、培训教师。

第五章　考核

第二十二条　学校或者其他教育机构应当对教师的政治思想、业务水平、工作态度和工作成绩进行考核。

教育行政部门对教师的考核工作进行指导、监督。

第二十三条　考核应当客观、公正、准确，充分听取教师本人、其他教师以及学生的意见。

第二十四条　教师考核结果是受聘任教、晋升工资、实施奖惩的依据。

第六章　待遇

第二十五条　教师的平均工资水平应当不低于或者高于国家公务员的平均工资水平,并逐步提高。建立正常晋级增薪制度,具体办法由国务院规定。

第二十六条　中小学教师和职业学校教师享受教龄津贴和其他津贴,具体办法由国务院教育行政部门会同有关部门制定。

第二十七条　地方各级人民政府对教师以及具有中专以上学历的毕业生到少数民族地区和边远贫困地区从事教育教学工作的,应当予以补贴。

第二十八条　地方各级人民政府和国务院有关部门,对城市教师住房的建设、租赁、出售实行优先、优惠。

县、乡两级人民政府应当为农村中小学教师解决住房提供方便。

第二十九条　教师的医疗同当地国家公务员享受同等的待遇;定期对教师进行身体健康检查,并因地制宜安排教师进行休养。

医疗机构应当对当地教师的医疗提供方便。

第三十条　教师退休或者退职后,享受国家规定的退休或者退职待遇。

县级以上地方人民政府可以适当提高长期从事教育教学工作的中小学退休教师的退休金比例。

第三十一条　各级人民政府应当采取措施,改善国家补助、集体支付工资的中小学教师的待遇,逐步做到在工资收入上与国家支付工资的教师同工同酬,具体办法由地方各级人民政府根据本地区的实际情况规定。

第三十二条　社会力量所办学校的教师的待遇,由举办者自行确定并予以保障。

第七章　奖励

第三十三条　教师在教育教学、培养人才、科学研究、教学改革、学校建设、社会服务、勤工俭学等方面成绩优异的,由所在学校予以表彰、奖励。

国务院和地方各级人民政府及其有关部门对有突出贡献的教师,应当予以表彰、奖励。

对有重大贡献的教师,依照国家有关规定授予荣誉称号。

第三十四条　国家支持和鼓励社会组织或者个人向依法成立的奖励教师的基金组织捐助资金,对教师进行奖励。

第八章　法律责任

第三十五条　侮辱、殴打教师的,根据不同情况,分别给予行政处分或者行政处罚;造成损害的,责令赔偿损失;情节严重,构成犯罪的,依法追究刑事责任。

第三十六条　对依法提出申诉、控告、检举的教师进行打击报复的,由其所在单位或者上级机关责令改正；情节严重的，可以根据具体情况给予行政处分。

国家工作人员对教师打击报复构成犯罪的，依照刑法有关规定追究刑事责任。

第三十七条　教师有下列情形之一的，由所在学校、其他教育机构或者教育行政部门给予行政处分或者解聘：

（一）故意不完成教育教学任务给教育教学工作造成损失的；

（二）体罚学生，经教育不改的；

（三）品行不良、侮辱学生，影响恶劣的。

教师有前款第（二）项、第（三）项所列情形之一，情节严重，构成犯罪的，依法追究刑事责任。

第三十八条　地方人民政府对违反本法规定，拖欠教师工资或者侵犯教师其他合法权益的，应当责令其限期改正。

违反国家财政制度、财务制度，挪用国家财政用于教育的经费，严重妨碍教育教学工作，拖欠教师工资，损害教师合法权益的，由上级机关责令限期归还被挪用的经费，并对直接责任人员给予行政处分；情节严重，构成犯罪的，依法追究刑事责任。

第三十九条　教师对学校或者其他教育机构侵犯其合法权益的，或者对学校或者其他教育机构做出的处理不服的，可以向教育行政部门提出申诉，教育行政部门应当在接到申诉的三十日内，做出处理。

教师认为当地人民政府有关行政部门侵犯其根据本法规定享有的权利的，可以向同级人民政府或者上一级人民政府有关部门提出申诉，同级人民政府或者上一级人民政府有关部门应当做出处理。

第九章　附则

第四十条　本法下列用语的含义是：

（一）各级各类学校，是指实施学前教育、普通初等教育、普通中等教育、职业教育、普通高等教育以及特殊教育、成人教育的学校。

（二）其他教育机构，是指少年宫以及地方教研室、电化教育机构等。

（三）中小学教师，是指幼儿园、特殊教育机构、普通中小学、成人初等中等教育机构、职业中学以及其他教育机构的教师。

第四十一条　学校和其他教育机构中的教育教学辅助人员，其他类型的学校的教师和教育教学辅助人员，可以根据实际情况参照本法的有关规定执行。

军队所属院校的教师和教育教学辅助人员，由中央军事委员会依照本法制定有关规定。

第四十二条　外籍教师的聘任办法由国务院教育行政部门规定。

第四十三条　本法自 1994 年 1 月 1 日起施行。

三、中华人民共和国义务教育法

（1986 年 4 月 12 日第六届全国人民代表大会第四次会议通过　2006 年 6 月 29 日第十届全国人民代表大会常务委员会第二十二次会议修订　根据 2015 年 4 月 24 日第十二届全国人民代表大会常务委员会第十四次会议《关于修改〈中华人民共和国义务教育法〉等五部法律的决定》第一次修正　根据 2018 年 12 月 29 日第十三届全国人民代表大会常务委员会第七次会议《关于修改〈中华人民共和国产品质量法〉等五部法律的决定》第二次修正）

目　录

第一章　总则

第一条　为了保障适龄儿童、少年接受义务教育的权利，保证义务教育的实施，提高全民族素质，根据宪法和教育法，制定本法。

第二条　国家实行九年义务教育制度。

义务教育是国家统一实施的所有适龄儿童、少年必须接受的教育，是国家必须予以保障的公益性事业。

实施义务教育，不收学费、杂费。

国家建立义务教育经费保障机制，保证义务教育制度实施。

第三条　义务教育必须贯彻国家的教育方针，实施素质教育，提高教育质量，使适龄儿童、少年在品德、智力、体质等方面全面发展，为培养有理想、有道德、有文化、有纪律的社会主义建设者和接班人奠定基础。

第四条　凡具有中华人民共和国国籍的适龄儿童、少年，不分性别、民族、种族、家庭财产状况、宗教信仰等，依法享有平等接受义务教育的权利，并履行接受义务教育的义务。

第五条　各级人民政府及其有关部门应当履行本法规定的各项职责，保障适龄儿童、少年接受义务教育的权利。

适龄儿童、少年的父母或者其他法定监护人应当依法保证其按时入学接受并完成义务教育。

依法实施义务教育的学校应当按照规定标准完成教育教学任务，保证教育教学质量。

社会组织和个人应当为适龄儿童、少年接受义务教育创造良好的环境。

第六条　国务院和县级以上地方人民政府应当合理配置教育资源，促进义务教育均衡发展，改善薄弱学校的办学条件，并采取措施，保障农村地区、民族地区实施义务教育，保障家庭经济困难的和残疾的适龄儿童、少年接受义务教育。

国家组织和鼓励经济发达地区支援经济欠发达地区实施义务教育。

第七条　义务教育实行国务院领导，省、自治区、直辖市人民政府统筹规划实施，县级人民政府为主管理的体制。

县级以上人民政府教育行政部门具体负责义务教育实施工作；县级以上人民政府其他有关部门在各自的职责范围内负责义务教育实施工作。

第八条　人民政府教育督导机构对义务教育工作执行法律法规情况、教育教学质量以及义务教育均衡发展状况等进行督导，督导报告向社会公布。

第九条　任何社会组织或者个人有权对违反本法的行为向有关国家机关提出检举或者控告。

发生违反本法的重大事件，妨碍义务教育实施，造成重大社会影响的，负有领导责任的人民政府或者人民政府教育行政部门负责人应当引咎辞职。

第十条　对在义务教育实施工作中做出突出贡献的社会组织和个人，各级人民政府及其有关部门按照有关规定给予表彰、奖励。

第二章　学生

第十一条　凡年满六周岁的儿童，其父母或者其他法定监护人应当送其入学接受并完成义务教育；条件不具备的地区的儿童，可以推迟到七周岁。

适龄儿童、少年因身体状况需要延缓入学或者休学的，其父母或者其他法定监护人应当提出申请，由当地乡镇人民政府或者县级人民政府教育行政部门批准。

第十二条　适龄儿童、少年免试入学。地方各级人民政府应当保障适龄儿童、少年在户籍所在地学校就近入学。

父母或者其他法定监护人在非户籍所在地工作或者居住的适龄儿童、少年，在其父母或者其他法定监护人工作或者居住地接受义务教育的，当地人民政府应当为其提供平等接受义务教育的条件。具体办法由省、自治区、直辖市规定。

县级人民政府教育行政部门对本行政区域内的军人子女接受义务教育予以保障。

第十三条　县级人民政府教育行政部门和乡镇人民政府组织和督促适龄儿童、

少年入学,帮助解决适龄儿童、少年接受义务教育的困难,采取措施防止适龄儿童、少年辍学。

居民委员会和村民委员会协助政府做好工作,督促适龄儿童、少年入学。

第十四条　禁止用人单位招用应当接受义务教育的适龄儿童、少年。

根据国家有关规定经批准招收适龄儿童、少年进行文艺、体育等专业训练的社会组织,应当保证所招收的适龄儿童、少年接受义务教育;自行实施义务教育的,应当经县级人民政府教育行政部门批准。

第三章　学校

第十五条　县级以上地方人民政府根据本行政区域内居住的适龄儿童、少年的数量和分布状况等因素,按照国家有关规定,制定、调整学校设置规划。新建居民区需要设置学校的,应当与居民区的建设同步进行。

第十六条　学校建设,应当符合国家规定的办学标准,适应教育教学需要;应当符合国家规定的选址要求和建设标准,确保学生和教职工安全。

第十七条　县级人民政府根据需要设置寄宿制学校,保障居住分散的适龄儿童、少年入学接受义务教育。

第十八条　国务院教育行政部门和省、自治区、直辖市人民政府根据需要,在经济发达地区设置接收少数民族适龄儿童、少年的学校(班)。

第十九条　县级以上地方人民政府根据需要设置相应的实施特殊教育的学校(班),对视力残疾、听力语言残疾和智力残疾的适龄儿童、少年实施义务教育。特殊教育学校(班)应当具备适应残疾儿童、少年学习、康复、生活特点的场所和设施。

普通学校应当接收具有接受普通教育能力的残疾适龄儿童、少年随班就读,并为其学习、康复提供帮助。

第二十条　县级以上地方人民政府根据需要,为具有预防未成年人犯罪法规定的严重不良行为的适龄少年设置专门的学校实施义务教育。

第二十一条　对未完成义务教育的未成年犯和被采取强制性教育措施的未成年人应当进行义务教育,所需经费由人民政府予以保障。

第二十二条　县级以上人民政府及其教育行政部门应当促进学校均衡发展,缩小学校之间办学条件的差距,不得将学校分为重点学校和非重点学校。学校不得分设重点班和非重点班。

县级以上人民政府及其教育行政部门不得以任何名义改变或者变相改变公办学校的性质。

第二十三条　各级人民政府及其有关部门依法维护学校周边秩序,保护学生、教师、学校的合法权益,为学校提供安全保障。

第二十四条　学校应当建立、健全安全制度和应急机制,对学生进行安全教育,加强管理，及时消除隐患，预防发生事故。

县级以上地方人民政府定期对学校校舍安全进行检查；对需要维修、改造的，及时予以维修、改造。

学校不得聘用曾经因故意犯罪被依法剥夺政治权利或者其他不适合从事义务教育工作的人担任工作人员。

第二十五条　学校不得违反国家规定收取费用，不得以向学生推销或者变相推销商品、服务等方式谋取利益。

第二十六条　学校实行校长负责制。校长应当符合国家规定的任职条件。校长由县级人民政府教育行政部门依法聘任。

第二十七条　对违反学校管理制度的学生，学校应当予以批评教育，不得开除。

第四章　教师

第二十八条　教师享有法律规定的权利，履行法律规定的义务，应当为人师表，忠诚于人民的教育事业。

全社会应当尊重教师。

第二十九条　教师在教育教学中应当平等对待学生，关注学生的个体差异，因材施教，促进学生的充分发展。

教师应当尊重学生的人格，不得歧视学生，不得对学生实施体罚、变相体罚或者其他侮辱人格尊严的行为，不得侵犯学生合法权益。

第三十条　教师应当取得国家规定的教师资格。

国家建立统一的义务教育教师职务制度。教师职务分为初级职务、中级职务和高级职务。

第三十一条　各级人民政府保障教师工资福利和社会保险待遇，改善教师工作和生活条件；完善农村教师工资经费保障机制。

教师的平均工资水平应当不低于当地公务员的平均工资水平。

特殊教育教师享有特殊岗位补助津贴。在民族地区和边远贫困地区工作的教师享有艰苦贫困地区补助津贴。

第三十二条　县级以上人民政府应当加强教师培养工作，采取措施发展教师教育。

县级人民政府教育行政部门应当均衡配置本行政区域内学校师资力量，组织校长、教师的培训和流动，加强对薄弱学校的建设。

第三十三条　国务院和地方各级人民政府鼓励和支持城市学校教师和高等学校毕业生到农村地区、民族地区从事义务教育工作。

国家鼓励高等学校毕业生以志愿者的方式到农村地区、民族地区缺乏教师的学校任教。县级人民政府教育行政部门依法认定其教师资格，其任教时间计入工龄。

第五章 教育教学

第三十四条 教育教学工作应当符合教育规律和学生身心发展特点，面向全体学生，教书育人，将德育、智育、体育、美育等有机统一在教育教学活动中，注重培养学生独立思考能力、创新能力和实践能力，促进学生全面发展。

第三十五条 国务院教育行政部门根据适龄儿童、少年身心发展的状况和实际情况，确定教学制度、教育教学内容和课程设置，改革考试制度，并改进高级中等学校招生办法，推进实施素质教育。

学校和教师按照确定的教育教学内容和课程设置开展教育教学活动，保证达到国家规定的基本质量要求。

国家鼓励学校和教师采用启发式教育等教育教学方法，提高教育教学质量。

第三十六条 学校应当把德育放在首位，寓德育于教育教学之中，开展与学生年龄相适应的社会实践活动，形成学校、家庭、社会相互配合的思想道德教育体系，促进学生养成良好的思想品德和行为习惯。

第三十七条 学校应当保证学生的课外活动时间，组织开展文化娱乐等课外活动。社会公共文化体育设施应当为学校开展课外活动提供便利。

第三十八条 教科书根据国家教育方针和课程标准编写，内容力求精简，精选必备的基础知识、基本技能，经济实用，保证质量。

国家机关工作人员和教科书审查人员，不得参与或者变相参与教科书的编写工作。

第三十九条 国家实行教科书审定制度。教科书的审定办法由国务院教育行政部门规定。

未经审定的教科书，不得出版、选用。

第四十条 教科书价格由省、自治区、直辖市人民政府价格行政部门会同同级出版主管部门按照微利原则确定。

第四十一条 国家鼓励教科书循环使用。

第六章 经费保障

第四十二条 国家将义务教育全面纳入财政保障范围，义务教育经费由国务院和地方各级人民政府依照本法规定予以保障。

国务院和地方各级人民政府将义务教育经费纳入财政预算，按照教职工编制标准、工资标准和学校建设标准、学生人均公用经费标准等，及时足额拨付义务教育经费，确保学校的正常运转和校舍安全，确保教职工工资按照规定发放。

国务院和地方各级人民政府用于实施义务教育财政拨款的增长比例应当高于财政经常性收入的增长比例，保证按照在校学生人数平均的义务教育费用逐步增长，保证教职工工资和学生人均公用经费逐步增长。

第四十三条　学校的学生人均公用经费基本标准由国务院财政部门会同教育行政部门制定,并根据经济和社会发展状况适时调整。制定、调整学生人均公用经费基本标准,应当满足教育教学基本需要。

省、自治区、直辖市人民政府可以根据本行政区域的实际情况,制定不低于国家标准的学校学生人均公用经费标准。

特殊教育学校(班)学生人均公用经费标准应当高于普通学校学生人均公用经费标准。

第四十四条　义务教育经费投入实行国务院和地方各级人民政府根据职责共同负担,省、自治区、直辖市人民政府负责统筹落实的体制。农村义务教育所需经费,由各级人民政府根据国务院的规定分项目、按比例分担。

各级人民政府对家庭经济困难的适龄儿童、少年免费提供教科书并补助寄宿生生活费。

义务教育经费保障的具体办法由国务院规定。

第四十五条　地方各级人民政府在财政预算中将义务教育经费单列。

县级人民政府编制预算,除向农村地区学校和薄弱学校倾斜外,应当均衡安排义务教育经费。

第四十六条　国务院和省、自治区、直辖市人民政府规范财政转移支付制度,加大一般性转移支付规模和规范义务教育专项转移支付,支持和引导地方各级人民政府增加对义务教育的投入。地方各级人民政府确保将上级人民政府的义务教育转移支付资金按照规定用于义务教育。

第四十七条　国务院和县级以上地方人民政府根据实际需要,设立专项资金,扶持农村地区、民族地区实施义务教育。

第四十八条　国家鼓励社会组织和个人向义务教育捐赠,鼓励按照国家有关基金会管理的规定设立义务教育基金。

第四十九条　义务教育经费严格按照预算规定用于义务教育;任何组织和个人不得侵占、挪用义务教育经费,不得向学校非法收取或者摊派费用。

第五十条　县级以上人民政府建立健全义务教育经费的审计监督和统计公告制度。

第七章　法律责任

第五十一条　国务院有关部门和地方各级人民政府违反本法第六章的规定,未履行对义务教育经费保障职责的,由国务院或者上级地方人民政府责令限期改正;情节严重的,对直接负责的主管人员和其他直接责任人员依法给予行政处分。

第五十二条　县级以上地方人民政府有下列情形之一的,由上级人民政府责令限期改正;情节严重的,对直接负责的主管人员和其他直接责任人员依法给予行政处分：

（一）未按照国家有关规定制定、调整学校的设置规划的；

（二）学校建设不符合国家规定的办学标准、选址要求和建设标准的；

（三）未定期对学校校舍安全进行检查，并及时维修、改造的；

（四）未依照本法规定均衡安排义务教育经费的。

第五十三条　县级以上人民政府或者其教育行政部门有下列情形之一的，由上级人民政府或者其教育行政部门责令限期改正、通报批评；情节严重的，对直接负责的主管人员和其他直接责任人员依法给予行政处分：

（一）将学校分为重点学校和非重点学校的；

（二）改变或者变相改变公办学校性质的。

县级人民政府教育行政部门或者乡镇人民政府未采取措施组织适龄儿童、少年入学或者防止辍学的，依照前款规定追究法律责任。

第五十四条　有下列情形之一的，由上级人民政府或者上级人民政府教育行政部门、财政部门、价格行政部门和审计机关根据职责分工责令限期改正；情节严重的，对直接负责的主管人员和其他直接责任人员依法给予处分：

（一）侵占、挪用义务教育经费的；

（二）向学校非法收取或者摊派费用的。

第五十五条　学校或者教师在义务教育工作中违反教育法、教师法规定的，依照教育法、教师法的有关规定处罚。

第五十六条　学校违反国家规定收取费用的，由县级人民政府教育行政部门责令退还所收费用；对直接负责的主管人员和其他直接责任人员依法给予处分。

学校以向学生推销或者变相推销商品、服务等方式谋取利益的，由县级人民政府教育行政部门给予通报批评；有违法所得的，没收违法所得；对直接负责的主管人员和其他直接责任人员依法给予处分。

国家机关工作人员和教科书审查人员参与或者变相参与教科书编写的，由县级以上人民政府或者其教育行政部门根据职责权限责令限期改正，依法给予行政处分；有违法所得的，没收违法所得。

第五十七条　学校有下列情形之一的，由县级人民政府教育行政部门责令限期改正；情节严重的，对直接负责的主管人员和其他直接责任人员依法给予处分：

（一）拒绝接收具有接受普通教育能力的残疾适龄儿童、少年随班就读的；

（二）分设重点班和非重点班的；

（三）违反本法规定开除学生的；

（四）选用未经审定的教科书的。

第五十八条　适龄儿童、少年的父母或者其他法定监护人无正当理由未依照本法规定送适龄儿童、少年入学接受义务教育的，由当地乡镇人民政府或者县级人民政府教育行政部门给予批评教育，责令限期改正。

第五十九条　有下列情形之一的，依照有关法律、行政法规的规定予以处罚：

（一）胁迫或者诱骗应当接受义务教育的适龄儿童、少年失学、辍学的；

（二）非法招用应当接受义务教育的适龄儿童、少年的；

（三）出版未经依法审定的教科书的。

第六十条　违反本法规定，构成犯罪的，依法追究刑事责任。

第八章　附则

第六十一条　对接受义务教育的适龄儿童、少年不收杂费的实施步骤，由国务院规定。

第六十二条　社会组织或者个人依法举办的民办学校实施义务教育的，依照民办教育促进法有关规定执行；民办教育促进法未作规定的，适用本法。

第六十三条　本法自2006年9月1日起施行。

四、中华人民共和国教师资格条例

（1995年12月12日国务院令第188号发布）

第一章　总则

第一条　为了提高教师素质，加强教师队伍建设，依据《中华人民共和国教师法》（以下简称教师法），制定本条例。

第二条　中国公民在各级各类学校和其他教育机构中专门从事教育教学工作，应当依法取得教师资格。

第三条　国务院教育行政部门主管教师资格工作。

第二章　教师资格分类与适用

第四条　教师资格分为：

（一）幼儿园教师资格；

（二）小学教师资格；

（三）初级中学教师和初级职业学校文化课、专业课教师资格（以下统称初级中学教师资格）；

（四）高级中学教师资格；

（五）中等专业学校、技工学校、职业高级中学文化课、专业课教师资格（以下统称中等职业学校教师资格）；

（六）中等专业学校、技工学校、职业高级中学实习指导教师资格（以下统称中等职业学校实习指导教师资格)；

(七)高等学校教师资格。成人教育的教师资格，按照成人教育的层次，依照上款规定确定类别。

第五条　取得教师资格的公民，可以在本级及其以下等级的各类学校和其他教育机构担任教师；但是，取得中等职业学校实习指导教师资格的公民只能在中等专业学校、技工学校、职业高级中学或者初级职业学校担任实习指导教师。高级中学教师资格与中等职业学校教师资格相互通用。

第三章　教师资格条件

第六条　教师资格条件依照教师法第十条第二款的规定执行，其中“有教育教学能力”应当包括符合国家规定的从事教育教学工作的身体条件。

第七条　取得教师资格应当具备的相应学历，依照教师法第十一条的规定执行。取得中等职业学校实习指导教师资格，应当具备国务院教育行政部门规定的学历，并应当具有相当助理工程师以上专业技术职务或者中级以上工人技术等级。

第四章　教师资格考试

第八条　不具备教师法规定的教师资格学历的公民，申请获得教师资格，应当通过国家举办的或者认可的教师资格考试。

第九条　教师资格考试科目、标准和考试大纲由国务院教育行政部门审定。教师资格考试试卷的编制、考务工作和考试成绩证明的发放，属于幼儿园、小学、初级中学、高级中学、中等职业学校教师资格考试和中等职业学校实习指导教师资格考试的，由县级以上人民政府教育行政部门组织实施；属于高等学校教师资格考试的，由国务院教育行政部门或者省、自治区、直辖市人民政府教育行政部门委托的高等学校组织实施。

第十条　幼儿园、小学、初级中学、高级中学、中等职业学校的教师资格考试和中等职业学校实习指导教师资格考试，每年进行一次。参加前款所列教师资格考试，考试科目全部及格的，发给教师资格考试合格证明；当年考试不及格的科目，可以在下一年度补考；经补考仍有一门或者一门以上科目不及格的，应当重新参加全部考试科目的考试。

第十一条　高等学校教师资格考试根据需要举行。申请参加高等学校教师资格考试的，应当学有专长，并有两名相关专业的教授或者副教授推荐。

第五章　教师资格认定

第十二条　具备教师法规定的学历或者经教师资格考试合格的公民，可以依照本条例的规定申请认定其教师资格。

第十三条　幼儿园、小学和初级中学教师资格，由申请人户籍所在地或者申请人任教学校所在地的县级人民政府教育行政部门认定。高级中学教师资格，由申请人户籍所在地或者申请人任教学校所在地的县级人民政府教育行政部门审查后，报上一级教育行政部门认定。中等职业学校教师资格和中等职业学校实习指导教师资格，由申请人户籍所在地或者申请人任教学校所在地的县级人民政府教育行政部门审查后，报上一级教育行政部门认定或者组织有关部门认定。受国务院教育行政部门或者省、自治区、直辖市人民政府教育行政部门委托的高等学校，负责认定在本校任职的人员和拟聘人员的高等学校教师资格。在未受国务院教育行政部门或者省、自治区、直辖市人民政府教育行政部门委托的高等学校任职的人员和拟聘人员的高等学校教师资格，按照学校行政隶属关系，由国务院教育行政部门认定或者由学校所在地的省、自治区、直辖市人民政府教育行政部门认定。

第十四条 认定教师资格，应当由本人提出申请。教育行政部门和受委托的高等学校每年春季、秋季各受理一次教师资格认定申请。具体受理期限由教育行政部门或者受委托的高等学校规定，并以适当形式公布。申请人应当在规定的受理期限内提出申请。

第十五条 申请认定教师资格，应当提交教师资格认定申请表和下列证明或者材料：

（一）身份证明；

（二）学历证书或者教师资格考试合格证明；

（三）教育行政部门或者受委托的高等学校指定的医院出具的体格检查证明；

（四）户籍所在地的街道办事处、乡人民政府或者工作单位、所毕业的学校对其思想品德、有无犯罪记录等方面情况的鉴定及证明材料。申请人提交的证明或者材料不全的，教育行政部门或者受委托的高等学校应当及时通知申请人于受理期限终止前补齐。教师资格认定申请表由国务院教育行政部门统一格式。

第十六条 教育行政部门或者受委托的高等学校在接到公民的教师资格认定申请后，应当对申请人的条件进行审查；对符合认定条件的，应当在受理期限终止之日起 30 日内颁发相应的教师资格证书；对不符合认定条件的，应当在受理期限终止之日起 30 日内将认定结论通知本人。非师范院校毕业或者教师资格考试合格的公民申请认定幼儿园、小学或者其他教师资格的，应当进行面试和试讲，考察其教育教学能力；根据实际情况和需要，教育行政部门或者受委托的高等学校可以要求申请人补修教育学、心理学等课程。教师资格证书在范围内适用。教师资格证书由国务院教育行政部门统一印制。

第十七条 已取得教师资格的公民拟取得更高等级学校或者其他教育机构教师资格的，应当通过相应的教师资格考试或者取得教师法规定的相应学历，并依照本章规定，经认定合格后，由教育行政部门或者受委托的高等学校颁发相应的教师资格证书。

第六章　罚则

第十八条　依照教师法第十四条的规定丧失教师资格的,不能重新取得教师资格,其教师资格证书由县级以上人民政府教育行政部门收缴。

第十九条　有下列情形之一的,由县级以上人民政府教育行政部门撤销其教师资格:

(一)弄虚作假、骗取教师资格的;

(二)品行不良、侮辱学生,影响恶劣的。被撤销教师资格的,自撤销之日起5年内不得重新申请认定教师资格,其教师资格证书由县级以上人民政府教育行政部门收缴。

第二十条　参加教师资格考试有作弊行为的,其考试成绩作废,3年内不得再次参加教师资格考试。

第二十一条　教师资格考试命题人员和其他有关人员违反保密规定,造成试题、参考答案及评分标准泄露的,依法追究法律责任。

第二十二条　在教师资格认定工作中玩忽职守、徇私舞弊,对教师资格认定工作造成损失的,由教育行政部门依法给予行政处分;构成犯罪的,依法追究刑事责任。

第七章　附则

第二十三条　本条例自发布之日起施行。

参考文献

[1] 陈孝彬,高洪源. 教育管理学[M]. 北京:北京师范大学出版社,2008.

[2] 吴志宏,冯大鸣,魏志春. 新编教育管理学[M]. 上海:华东师范大学出版社,2008.

[3] 张新平,褚宏启. 教育管理学通论[M]. 北京:高等教育出版社,2012.

[4] 罗双凤,叶安珊. 教育管理学[M]. 北京:中国人民大学出版社,2010.

[5] 托马斯·J·瑟吉奥万尼,保罗·凯莱赫,玛莎·M·麦卡锡,等. 教育管理学[M]. 北京:中国人民大学出版社,2014.

[6] 韦恩·K·霍伊,塞西尔·G·米斯克尔. 教育管理学:理论·研究·实践[M]. 北京:教育科学出版社,2007.

[7] 于海. 教育管理学[M]. 呼和浩特:远方出版社,2005.

[8] 杨颖秀. 学校管理[M]. 北京:北京师范大学出版社,2012.

[9] 黄济. 教育哲学通论[M]. 太原:山西教育出版社,1998.

[10] 王炳照,郭齐家,刘德华,等. 简明中国教育史[M]. 北京:北京师范大学出版社,2007.

[11] 顾明远. 教育大辞典[M]. 上海:上海教育出版社,1988.

[12] 孙培青. 中国教育管理史[M]. 北京:人民教育出版社,1996.

[13] 吴志宏. 学校管理理论与实践[M]. 北京:北京师范大学出版社,2002.

[14] 褚宏启. 教育现代化的路径[M]. 北京:教育科学出版社,2001.

[15] 赵俊峰. 教育心理学[M]. 北京:高等教育出版社,2011.

[16] 刘泽云. 教育经济学[M]. 上海:华东师范大学出版社,2008.

[17] 布卜鲁维尔,麦科伊万. 教育经济学[M]. 刘泽云,等,译. 北京:北京师范大学出版社,2017.

[18] 理查德·L. 达芙特. 组织理论与设计[M]. 李维安,等,译. 北京:清华大学出版社,2017.

[19] 谢安邦. 高等教育学[M]. 北京:高等教育出版社,1998.

[20] 吴式颖. 外国教育史教程[M]. 北京:人民教育出版社,1999.

[21] 扈中平,李方,张俊洪. 现代教育学[M]. 北京:高等教育出版社,2005.

[22] 吴文侃,杨汉清. 比较教育学[M]. 北京:人民教育出版社,1999.

[23] 张斌贤. 西方教育思想史[M]. 北京:人民教育出版社,2011.

[24] 陆有铨. 现代西方教育哲学[M]. 北京:北京大学出版社,1993.

[25] 劳凯声，蒋建华. 教育政策与法律概论[M]. 北京：北京师范大学出版社，2015.
[26] 菲利普·科特勒，凯伦 F.A. 福克斯. 教育机构的战略营销[M]. 庞隽，陈强，译. 北京：企业管理出版社，2005.
[27] 孙锦涛. 教育行政学[M]. 3 版. 上海：华中师范大学出版社，2007.
[28] 黄云龙. 现代教育管理学[M]. 上海：复旦大学出版社，1993.